执行力

如何带出嗷嗷叫的团队

姜朝川 · 著

民主与建设出版社
· 北京 ·

ⓒ民主与建设出版社，2018

图书在版编目（CIP）数据

执行力：如何带出嗷嗷叫的团队／姜朝川著．—
北京：民主与建设出版社，2018.11
ISBN 978-7-5139-2320-0

Ⅰ．①执… Ⅱ．①姜… Ⅲ．①企业管理－组织管理学
Ⅳ．① F272.9

中国版本图书馆 CIP 数据核字（2018）第 226896 号

执行力：如何带出嗷嗷叫的团队
ZHIXINGLI RUHE DAICHU AOAOJIAO DE TUANDUI

出 版 人	李声笑	
著 者	姜朝川	
责 任 编 辑	刘 艳	
特 约 编 辑	师 擎	
封 面 设 计	BookDesign Studio 阿鬼设计 QQ:476454071	
出 版 发 行	民主与建设出版社有限责任公司	
电 话	（010）59417747　59419778	
社 址	北京市海淀区西三环中路 10 号望海楼 E 座 7 层	
邮 编	100142	
印 刷	北京文昌阁彩色印刷有限责任公司	
版 次	2018 年 11 月第 1 版	
印 次	2018 年 11 月第 1 次印刷	
开 本	880 mm × 1230 mm　1/32	
印 张	8.5	
字 数	150 千字	
书 号	ISBN 978-7-5139-2320-0	
定 价	39.80 元	

注：如有印、装质量问题，请与出版社联系。

目录 Contents

第一章

提高团队执行力从培养员工意识开始

身为领导，自己的下属如果执行力很差，办事效率低下，是一件很让人头疼的事情。工作中，无处不需要下属具有极强的执行力，可有些下属一直无法提高自己的执行力，这是因为他们没有意识到提高执行力的重要性。卓越管理者都是从培养员工意识开始来提高团队整体执行力的。

第二章

四大重要因素影响你的团队执行力

为什么你的下属总是爱找借口？为什么他们工作的时候总是毫无激情？为什么你的员工看起来很努力，却一直无法提升业绩？为什么大家总喜欢拖延自己的工作……有四大因素严重阻碍了你的员工提高自己的执行力，身为领导，你要为自己的员工扫除这四大因素，才能让他们创造更多的企业效益。

第三章

让员工明确目标与计划是非常关键的

每个成功的人士都有强烈的执行意识，而目标和计划就是强烈执行意识的动力源泉。领导要想让团队执行力提高，就需要让自己的员工明确工作的最终目标，但仅仅明确目标还不够，还需要员工制订详细可行的计划，并且恰当地根据实际情况做出改变。

第四章

高效管理时间与提高团队执行力相辅相成

很多员工经常抱怨自己的时间总是不够用，很难在计划的时间内完成任务，这是因为他们没有管理好自己的时间。成功的人从来不浪费时间，也没有工夫抱怨自己的时间不够用，他们会用很强的执行力充分利用自己的碎片化时间，管理好自己的时间。所以作为领导，要不断提高员工高效管理时间的觉悟，这样才能提高团队的执行力。

第五章

不要让无效沟通拖了执行力的后腿

所谓情商高，就是会说话。优秀的领导都是情商很高的人，他们能够很好地和自己的员工进行沟通，懂得鼓励员工说出自己的想法，并且认真倾听他们的想法，同时也能很准确地表达自己的想法，让员工理解自己。有效的沟通才能保证高效的工作。

第六章

合理的规章制度可以为提高团队执行力保驾护航

俗话说，没有规矩不成方圆。企业要想得到快速发展，就要根据公司的实际情况和员工总体情况，制定合理的规章制度。企业领导不仅要运用高效的管理制度管理员工，帮助员工提高执行力，并且还要运用完善的监督机制让员工落实自己的工作。

第七章

以结果为导向，提高团队执行力

在职场中，员工更加注重做事的过程，因为他们在这之中付出了很多的精力，而且在过程中全力以赴也是为了得到一个良好的工作结果。而企业领导更加注重的是员工的工作结果，员工有了好的工作结果，才能给企业创造良好的效益。领导要想使员工拥有好的工作结果，就要让他们以结果为导向，拥有很强的行动力。

第八章

培养员工的创新思维，才能让他们更好地执行任务

创新是一个企业生存和发展的灵魂，每个企业都离不开创新。拥有创新思维的企业，可以随着时代的发展，不断做出改变适应时代的变化，能够生产出与时俱进、受顾客持续欢迎的产品，能够在竞争中脱颖而出，这就需要领导培养员工的创新思维，让员工更好地执行任务，创造出适合时宜的产品。

第九章

建立和完善危机管理机制，未雨绸缪

在工作中，我们会遇到各种各样的突发情况。这些复杂的情况会给我们的执行造成很大的影响，对于企业来说，危机会使得整个企业的执行效率降低，直接影响企业的发展。对员工来说，危机会影响员工工作的信心，使员工之间产生各种矛盾，进而影响其执行效率。因此，企业建立和完善危机管理机制，增强全体员工危机意识是十分必要的。

第十章

团队执行力是训练出来的

每个人都是独立的个体，每个个体之间也会存在很大的差异，不同员工本身的执行力也是有差别的，所以，很多领导都会因为不知道如何让员工提高执行力而感到苦恼。其实，团队执行力是训练出来的，所以领导要不断学习让员工提高执行力的方法。

第十一章

拥有精英团队并不难

很多领导都羡慕那些拥有精英团队的企业，总是抱怨自己的员工为什么没有超高的执行力来促进团队整体执行力的提高。其实，那些优秀团队的高效执行力也不是天生的，只要运用的方法得当，拥有精英团队并不难。

第十二章

任何一个团队的成功都离不开高效执行力

行动对于一个企业、一个团队来说是非常重要的。没有行动，那这个团队就没有成功可言，空想谁都会，真正困难的是付出行动，并且让自己的努力有良好的结果。任何一个团队的成功都离不开高效执行力。

第一章

提高团队执行力从
培养员工意识开始

身为领导，自己的下属如果执行力很差，办事效率低下，是一件很让人头疼的事情。工作中，无处不需要下属具有极强的执行力，可有些下属一直无法提高自己的执行力，这是因为他们没有意识到提高执行力的重要性。卓越管理者都是从培养员工意识开始来提高团队整体执行力的。

1.如何让你的员工在思想上重视执行力

　　作为企业领导最头疼的就是，自己下属的执行力很差。这意味着企业需要付出更多的成本，甚至会给企业造成巨大的损失。尤其，当领导明确指出问题的时候，员工依然意识不到，仿佛他们没有思想一般。难道执行力弱，就不可救药了吗？非也！其实，只要对员工进行恰当的培训，他们的执行力是完全可以提高的。其中关键的一点就是，要让员工从意识上认识到执行力的重要性。如果员工在思想上不重视执行力，那么领导费多大力气，也难以使他们取得高效的执行力。

　　执行力弱并不可怕，人性的劣根性中本身就具有懒惰、散漫等特性，懂得利用这些特性的人往往是可以成功的。比如，在这个世界上好多工具都是"懒人"发明的，因为他们执行力弱，所以会寻找可以帮自己工作的工具。那些执行力强的人，不会去主动思考是否有能替代自己的工具，自然不会有什么创造发明。当然，并不是说执行力弱就值得我们骄傲，我们依然需要提高自己的执行力，因为那些执行力弱、能够发明有用工具的人凤毛麟角。大多数的普通员工要想在职场上混得有声有色，还是需要提高执行力的。

那么，作为领导，如何让员工在思想上重视执行力呢？

· 让员工对自己很差的执行力所造成的后果有明确的认识，实行奖惩制度。当一个员工执行力很差的时候，不仅工作上得不到老板的赏识，升职加薪更是不可能。执行力差的人生活也是一团糟，很难被家人和朋友所喜欢。当你的员工对自己执行力很差造成的严重后果有清晰的认识时，自然就会下意识地提高自己的执行力。

· 要让员工发自内心地想提高执行力。很多员工执行力差是因为他们根本就没有想过要提高自己的执行力，对一切都抱着得过且过的心态。领导要想让员工提高执行力，首先要激发员工真心想要提高执行力的强烈渴望。

· 用提高执行力之后的美好结果来诱惑员工。员工执行力很差是因为没有认识到提高执行力之后会给自己带来美好的结果。如果员工能够预想到自己提高执行力、完成任务之后的荣誉、地位、金钱等的积极变化，那么他们的执行力自然会提高了。

· 领导和员工都要充满自信。员工需要自信，领导也需要自信。员工不自信，总是抱着走一步算一步的心态，是不可能提高执行力的。领导在下达命令的时候也要充满自信，这样才能使员工信服。

员工认识不到提高执行力的好处的话，就会在工作中出现混日子的现象。这样的员工企业里面存在得越多，对企业的危害越大。企业的领导者往往想通过一些强制性的制度来改变现状，提高员工的执行力，结果适得其反。如果能够想办法让员工从思想上认识到提高执行力的重要性，那么不用老板催员工，员工就会自觉地提高执行力。

下面这种现象我们工作中经常遇到：

企业领导走过来对某一员工说："一会儿开会，记得将之前让你整理的资料带上。"

员工惊讶道："啊！我还没有整理好呢！"

领导问："我将这些文件给你这么多天了，你怎么还没有整理好？"

员工说："你没有说着急用，我还以为……"

领导有些生气："我是没有说着急用，但这都一周过去了，难道我一直不说，你就一直拖着吗？"

员工觉得委屈，领导觉得员工的执行力太差，彼此难免出现矛盾。作为员工，领导交给自己的工作，应该从思想上重视，并且要尽快完成，而且越超前完成越好。如果往后拖一天，就可以往后拖很多天，越拖越没有执行力，最终不仅会对公司的整体进度造成不良影响，也会对自己的职业发展造成不良影响。

一个人如果不重视执行力，那么他们上班就不叫上班，只是在磨洋工，坐在工位上坐够工作时间就可以了。他们会在工作中干工作之外的事情，从来没有想过高质量地完成工作。

只要员工重视执行力，那他们的执行力自然就会提升。每个企业都想提高整体工作业绩，但如果员工不能从思想认识上重视执行力，那么，提高整体工作业绩就是一句空话。因此，领导与其制定各种苛刻的条款去督促员工，不如对员工进行培训，让其从思想深处认识到提高执行力的意义。这样，员工才能主动地去工作，提高工作效率，对增强企业凝聚力和竞争力产生积极的影响。

2.锻炼员工的成果思维，才能提高团队执行力

虽然有时候我们听到领导对自己的员工说，在乎的不是结果而是过程。但企业领导人内心真实的想法是，自己更在乎结果而不是过程。如果员工没有成果意识，只按照老板字面意思理解，必定不会做出让老板满意的成果，最终只能被淘汰。

可是，现实中很多员工经常以"谋事在人，成事在天"进行自我安慰。当事情做成了就觉得是自己努力的成果，但事情失败了就责怪老天没有成全自己。正是因为有如此多的理由，很多员工在工作中才会不求进取，执行力很差；在生活中比较散漫，放纵自己。最终，让自己快速从一个有理想的热血青年变成一个无目标的庸人。

作为企业的员工，要想建立强大的成果思维导向，进而提高执

行力，那么，必须注意以下两点：

· 培养倒推思维意识。也就是员工在做这份工作之前，应该明确自己要达到的成果，然后采用倒推思维方式：要达到这种成果，我们应该如何一步步实现。这样他们就会明白自己目前手中的工作重点和自己高执行力带给工作的好处，进而提高自己的执行力。

· 行动以成果为目的。我们在执行某一份工作的时候，不能抱着只是做了的心态，更应该以最终的成果怎么样来衡量劳动的价值。如果没有标准来衡量，就容易出现工作不到位，工作效率低下等情况。

如果员工在执行工作的过程中没有成果思维，很容易造成这种现象：你只是看起来很努力而已。这种现象很普遍，很多员工在工作中没有成果思维，认为工作就是工作，只要做到按时出勤就可以了。老板来了，他们就赶紧努力，将自己整得很忙的样子；老板一走，他们不是打游戏，就是追剧。这样，何来高执行力、高效率可言？

要想成为一个优秀的员工，必须要具有成果思维。不要认为这样很困难，其实很简单，就是在我们做某一件事情之前，先留出几分钟时间想清楚：自己干这件事情要达到什么样的成果？只有知道想要的成果，才会明白自己应该使多大的劲，怎么去做。

很多企业的领导人想当然地认为员工理解自己的意思，将工作用给员工，什么都不说就让员工去做。但是员工不可能是老板肚子里的蛔虫，思想不可能与老板完全同频，于是在执行这份工作的过程中，仅凭自己的理解去工作，很容易偏离老板所说的方向和目标，必然导致工作效率低下。

据说，富士康集团的老总郭台铭有一次去车间视察工作时，只见员工有气无力地擦拭着冲压好的电脑机箱，便问在场的工人："为何要反复擦拭呢？"员工理直气壮地说："反正公司这样规定了，我们就这样做，至于原因，领导没有说，我们自然不知道！"

郭台铭没有说什么，而是去问了生产经理："为何要擦拭三次？"生产经理说："是为了把机箱上的油渍抹掉！"郭台铭又问："那你为何不告诉员工擦拭三次的目的，是不是不需要三次或者要超过三次才能擦干净呢？"生产经理顿时哑口无言。

可能产品经理认为这是个小问题，但是郭台铭却认为是大问题，必须要达到严肃处理。于是，郭台铭召开了生产部门全体员工会议，重点惩罚了这位生产经理。理由是他没有让员工明白工作的成果到底是什么，只是生硬地要求员工按照规定执行。

在没有明确最终工作成果的情况下，工人错误地认为工作的目的就是擦拭三遍机箱，至于是否擦拭干净油渍与他们无关，这样就导致员工为了完成任务而完成任务，工作效率低下。

高效率工作不是为了工作本身，而是为了工作最终的成效，衡量一个员工的工作价值正是以最终的成效为标准。

一旦员工在工作中没有成果思维，就不会明白自己工作的真正目的，这样工作起来也会毫无章法，结果自然会一塌糊涂。因此，员工只有在工作之前对工作成果有明确的认知，通过努力，才能实现成果。

杰克是一家公司的销售人员，老板将一个重点客户交给他搞定。这个客户其他业务人员跟了一年之久，依然不肯下单，老板觉得放弃太可惜了，于是交给能力强的杰克，希望他能够最终与这个客户达成合作。

杰克认为他接了这个任务的最终目标就是达成合作。那么，他接下来就逐级分析要达成目标需要做哪些工作。首先，杰克将自己公司的产品和竞争对手公司的产品的优劣势分别进行了分析。其次，将这个客户的相关信息进行了详细研究，这个客户前期为什么没有下单，客户真正的需求是什么，客户的经济能力怎么样，客户的兴趣爱好是什么，等等。一切工作准备就绪，他觉得是该给客户打电话进行预约商谈了。

由于杰克很清楚自己的目的，加上对客户分析得很透彻，在第一次通电话的时候就抓住了客户的需求点，很快说服客户见面商谈。两人见面之后，杰克凭着自己的三寸不烂之舌让客户当场签约了。

由这个例子可见，员工在执行工作的过程中必须要有成果思维，这样成功的概率就会大大提高。如果员工缺少成果思维，总是抱着水来土掩的态度，无论怎么努力最终都不会有理想的成果，因为在执行的过程中早已迷失了方向。

盖楼之前为什么要设计图纸，就是成果思维的体现。只有这样我们才知道需要盖什么样的楼，用什么样的材料，怎么盖……不至于在盖的过程中缺少材料或者盖起来之后就倒塌了。

综上所述，成果思维决定着事情的成败，因此我们在做事的时候要进行深入分析，对成果有一定的预见性，然后踏踏实实按照步骤做事，最终一定能够成功。

3.员工要有赢者心态，才有执行力

成功不仅来源于自己的努力，更来源于自己的心态。如果你发自内心地渴望成功，那你就已经成功了一半。如果你对自己充满了怀疑的态度，那么你肯定不能成功。吸引力法则告诉我们：只有具有赢者心态的人，才具有强大的执行力，才能最终获得成功。

当一个员工在工作中毫无野心、干一天算一天的时候，他不仅不会有出色的业绩，还会拖公司的后腿，最终被公司开除，因为没有一个公司愿意养一个不能创造价值的人。所以员工在工作中需要具备一种赢者心态，才能够具有执行力，获得成功。

那么，身为领导，在工作中如何让自己的员工具有赢者的心态呢？

· 激发员工对成功的强烈渴望。我们要想让员工提高执行力，首先要让员工对成功有强烈的欲望，欲望越强烈执行力越大。如果员工对成功没有欲望，那么也就没有了斗志，会对自己放松要求，得过且过，这样的员工不可能会成功。

· 让员工对锁定的目标坚定不移。每个人都不可能一帆风顺，我们的每个员工也不例外，但我们都清楚每个成功的人都有一颗坚定的心，在困难面前毫不屈服，更不会因为阻力太大而放弃自己的目标，否则就不可能有改变命运的机会。因此，身为领导的我们可以利用这一点，让员工对锁定的目标坚定不移。

· 帮助员工树立高远的格局。成功者都是高瞻远瞩之人，如果员工在前进的道路上，鼠目寸光、斤斤计较，只会被琐事绊住，停滞不前，自然不可能取得较大的成就。如果领导帮助员工树立了高远的格局，那么员工看到的就不仅是明天的规划，还有五年之后、十年之后的规划。他们会被美好的未来吸引，充满信心地向成功奔跑，最终取得成功。

如果一个人对赢的欲望很强烈，那么他最终获胜的可能性就会大大增加。但是，现实生活中，很多员工对成为赢者充满了期待，可却没有为此付出努力，这样没有执行力的人是不会成功的。

那些拥有梦想、对成功充满渴望并且执行力很强的人，升职加薪的概率很大。而那些当一天和尚撞一天钟、每天死气沉沉、毫无活力的人，业绩一塌糊涂，不仅同事看不起他们，老板也无法重用他们，最终他们自己也会失去信心，自暴自弃。

某公司为了在投资人面前赢得更高的估值，在公司内部宣布了一个通知：只要有人在5个月的时间内完成1000万元的业绩量，就直接奖励他80万元，而且提升他为部门经理。这个通知调动了不少员工的积极性。在他们之中，伯特和博格两个人在一个办公区内，他们都是入职不到半年的新员工，两人情况也都差不多。虽然他们也对通知的奖金和职位充满了期待，但态度和思想完全不一样。

伯特暗暗下定决心：一定要获得这笔奖金和这个职位，因为他自己的家庭情况不是很好，父母亲都是下岗职工，自己又刚交了女朋友，而且未来丈母娘下了死命令，没有房子不结婚。80万元的奖金足够自己支付房子的首付，而且当上部门经理，自己的薪水也会增长，足够让自己及父母亲过上好日子。于是，伯特将自己到公司接触过的客户资料都拿出来，一一进行分析，将有意向签约的客户、还不能确定意向的客户归类。针对有意向签约的客户，伯特加紧沟通，争取在5个月内都签单，对还不能确定意向的客户，他周末也去拜访，争取说服他们签单。

博格虽然对这笔奖金和职位充满渴望，可他只是想想而已，并没有做什么具体的行动。看到伯特每天累得精疲力竭，他嘲笑伯特道："不就是上个班嘛，用得着将自己整得那么累吗？要我见客户我就见，客户愿意签单那就签，不愿意就算了！何必死皮赖脸地缠着人家！"

伯特只是笑而不语，继续干着自己的手头工作。很快伯特的努力有了成果，签了几笔不小的单子。此时，公司其他同事在博格耳边吹风："你看你与伯特同期来公司的，他业绩那么好，距离拿到奖金和升职不远了，你要加油啊！"

博格心里有些醋意地说："伯特业绩好，与我有什么关系，我还不是照样拿着工资吗？何必将自己搞得那么辛苦，不值得。再说了，我也很努力啊！我也想成为部门经理，我也喜欢那80万元，可我没有那个命啊！"

不出所料，伯特在5个月内超额完成了老板规定的任务，老板如约奖励给他80万元，将他升为部门经理。

在第6个月的时候，伯特付了房子的首付，结了婚，而且用剩余的钱买了车，成了有车有房一族，公司的人无不羡慕。

而博格只能心里嫉妒，却又无可奈何。

伯特能够成功是因为他心里很明确自己要实现的目标，坚信自己可以获胜，并且坚定不移地付诸行动。在这个过程中吃的苦、流的泪，只有他自己清楚，但他没有退缩，最终他成功了。而博格真可谓是晚上想想千条路，白天还是走原路，只是对自己喜欢的东西渴望了一下，就放弃了，没有付出任何实质的行动，怎么可能会有如他所愿的美好结局呢？

一个人拥有什么样的心态，就拥有什么样的人生。这虽然是一句俗话，但是无数的案例证明了它的正确性。当我们以渴望赢的心态去面对困难的时候，我们就不会畏惧它们，沉着应对，很容易找到解决困难的办法，获得成功。而那些缩手缩脚的人，在困难面前只会停滞不前，沦为失败者。

当我们以成功者的心态去面对一切的时候，我们会更加积极努力，拥有更强的执行力和更加高远的格局，也会拥有更多的魅力，吸引更多的人帮助自己，自然更容易成功。

4.强烈责任心是提高团队执行力的催化剂

　　企业要想让员工提升执行力，必须要培养员工强烈的责任心。只有员工拥有了强大的责任心，才会在工作中尽心尽力、保质保量地完成任务。一个团队要想提高执行力，不是仅仅依靠领队一个人的责任心，而是要依靠团队中的每个人强烈的责任心。

　　在竞争激烈的今天，每一个企业是否能够得到快速发展，与每一个员工的责任心有密切关系，也可以说责任心是每个员工内心的强大潜能，只有不断激发他们这种潜能，才能使他们充分发挥主观能动性，认真执行工作任务，提高个人的工作效率。

　　那么，企业怎样才能使员工拥有强烈的责任心，使他们提高执行力呢？

· 培养员工敢于冒险、敢于承担责任的精神。作为企业领导，首先需要为员工创造试错的环境，不能心中只有成功，不容许员工的工作有丝毫闪失。反之，无疑会限制员工的创新思维，导致他们不敢去做任何工作，因为做得越多，出现的错误可能就越多。要想增强员工的责任心，企业领导就必须培养他们敢于冒险、敢于承担责任的精神。

· 建立奖惩分明的机制。每个员工都希望自己的努力得到肯定和回报，那么企业就应该建立明确的奖惩制度，激发员工的积极性，培养他们的责任心，让他们做出更加出色的业绩。可是现实中，不少领导说一套做一套，一直给员工"画饼"，却一次都实现不了自己的承诺，这样必定会伤了员工的心，还有谁会为企业卖力工作呢？

· 将工作结果与员工建立密切关系。很多员工没有责任心是因为无论自己干得好还是坏，最终的结果都不会与自己有关系，所以就产生了得过且过的心理。那么，企业领导要想提高员工的执行力，必须将最终的工作结果与员工建立密切的关系，促使员工不断向积极的方面奋斗。

· 一定要让员工明确自己的目标。很多领导觉得自己是企业的舵手，只要自己知道团队前进的方向就好了，员工不需要知道企业的目标，只要跟着自己前进便可。其实这种想法是错误的，作为企业的领导者，一定要让员工明确企业的目标，这样他们才能随时调整自己的工作计划和状态，实现企业的目标。如果员工不明确企业的目标，大家只能是摸着石头过河，当"舵手"掉入河中，整个团队成员都会掉入，甚至全军覆没。而如果员工知道企业的目标，不仅知道自己努力的方向，更能够对企业行走的路线进行监督，免得迷失方向。同时也会在企业遇到危机的时候，主动帮助企业化解危机。

领导都希望自己的员工能够符合自己的预期，都认真完成工作，可是又不得不承认一个现实问题，那就是十全十美的员工可遇不可求，这就需要企业领导培养员工的责任心。只要员工有了责任心，无论是多么平凡的工作岗位上都能够干出一番事业，体现出自己的人生价值。

多年之前的一天，美国记者吉埃丝去日本东京出差，顺便去拜访一年没有见面的婆婆，可是见婆婆总得带礼物啊！吉埃丝想来想去决定为婆婆买一台黑胶唱机①作为见面礼物。于是，她在就近的奥达克余百货公司购买到了自己很满意的黑胶

---

① 黑胶唱机：是一种原始放音装置，其声音储存在以声学方法在转盘的黑胶平面上刻出的弧形刻槽内。唱片置于转台上，在唱针之下旋转。

唱机。服务员彬彬有礼，笑容可掬地将一个还未开封的黑胶唱机盒子交给吉埃丝，她没有打开检查就直接抱回了家。当她到家打开盒子的时候，发现唱机没有安装内件，根本无法使用。吉埃丝很生气，觉得服务员欺骗了她，而且重要的是这是为婆婆买的礼物，不可马虎！她决定好好惩罚一下奥达克余百货公司。于是，她快速地写出一篇新闻报道《笑脸背后的真面目》，在文中详细地描述了她"上当"的过程，并且打算第二天一早去当初购买黑胶唱机的柜台问个究竟。

第二天一早，吉埃丝刚起床就听到了敲门声，她一开门就看到了昨天接待自己的服务员，服务员依然笑容可掬，见到吉埃丝，他赶紧向她介绍身后的另外一位男士说是奥达克余百货公司的总经理，只见这位经理手中拎着一个大蛋糕盒子。吉埃丝听到服务员说他们是来道歉的，于是，让他们进了家门。奥达克余百货公司的总经理与服务员在客厅里俯首鞠躬，连连道歉。本来很生气的吉埃丝看到他们如此有诚意的道歉行为，心中的火气消散了一些，而且她十分好奇他们是如何找到自己的。后来，在吉埃丝的追问之下，服务人员告诉了她来龙去脉。

原来，前一天服务员在清点商品的时候，发现将一个空心的货样卖给了自己的客户。他意识到此事非同小可，于是赶紧向自己的领导汇报了这件事。公司连夜召开紧急会议，寻找解决办法。可是，吉埃丝在购买黑胶唱机的时候只留下了自己的名字及一张美国快递公司的名片。奥达克余百货公司便展开了一场无异于大海捞针的寻找吉埃丝行动。按照美国快递公司名片上的信息，奥达克余百货公司足足打了32个电话，先是向东京各大宾馆查询是否有吉埃丝入住，因为没有结果，所以不得不给美国的快递公司打电话。后来在快递公司的帮助下，他们找到了吉埃丝父母的电话，通过与她的父母亲沟通，得知了吉埃丝在东京婆婆家的电话，最终与婆婆沟通核实，找到了吉埃丝的落脚点。这个过程中，奥达克余百货公司总共打了35个电话。

奥达克余百货公司的总经理恭恭敬敬将没有问题的黑胶唱机递交到吉埃丝的手中，并且送她一张唱片和一个蛋糕作为补偿。吉埃丝对他们表示原谅之后，他们才离开。

吉埃丝冷静下来之后感到很内疚，因为自己这么一件事，人家公司的经理和服务员，不仅忙前忙后打电话寻找自己，还亲自登门道歉、提供补偿，这份责任心深深地触动了吉埃丝，她决定将昨晚写的新闻稿删除，写一篇新的稿件，标题就叫《35个紧急电话》。

日本之所以能够跃升为发达国家与他们国民的责任心有很大的关系。很多员工一旦发现是自己的问题，会不惜一切代价弥补自己的错误，上述的例子，公司的人大海捞针般地寻找吉埃丝的行动，就是最好的证明。如果没有强烈的责任心，就不可能解决问题，在竞争中屡屡获胜。

作为企业的领导者，自己行为举止就是企业的灵魂，那么，在培养自己的员工的时候就要从点滴做起，坚决不能为企业培养一个有污点的员工，这样给公司会造成极大的损失。尤其在培养员工责任心这一方面，领导一定要以身作则，不能说一套做一套，更不能放纵员工。

当一个人拥有强烈责任心的时候，就会努力、认真地工作，能主动处理好分内与分外相关的工作。无论是否有人监督自己的工作，犯了错误的时候，他都能够主动承担责任而不推卸责任，所以，员工提高执行力的核心就在于拥有强烈的责任心。

有一件事令我记忆深刻。我们小区有一位保安，非常热情，干什么事情都积极主动。在一次我搬东西的过程中他跑过来帮忙，主动让我加他微信，并且说有什么困难随时喊他。我并没有将这件事情放在心上。后来，有一天凌晨两点我起床上厕所的时候，踩坏了水管，水不断往外流，而那个时间点小区物业维修的人休息了，只能等到第二天早上打电话叫人修理。于是，我随手拍了一张照片发在朋友圈抱怨水管的质量很差。发那条朋友圈过了不到十分钟，我听到有人敲门，我开门一看是小区的那位保安，手里提着修理箱，说他是来帮助我修理水管的。我虽然有些高兴，但还是怀疑他的能力。他却很自信地说："专门维修水管的师傅最近生病了，我就没有打扰他。再说我是这个小区的保安，我有保一方平安的责任，你水管坏了也属于我保平安的范围啊！"没想到他一会儿就将水管修好了。从那之后，每次出入门口的时候，总会想起这个小保安。他是那么热情。后来，听说他到北大当保安去了，没有几年他竟然通过自己的努力，从一个小保安成为北大的一名学生，我也为他感到高兴。

可见，当你培养的员工有强烈责任心的时候，他们会时刻对工作充满激情，将自己的工作干得很出色。

拥有责任心的人在做任何事情的时候都能专心致志，有很强的执行力，并且敢于承担责任。一个有责任心的人，一定能成为拥有高效执行力的人。

第二章

四大重要因素影响

你的团队执行力

为什么你的下属总是爱找借口？为什么他们工作的时候总是毫无激情？为什么你的员工看起来很努力，却一直无法提升业绩？为什么大家总喜欢拖延自己的工作……有四大因素严重阻碍了你的员工提高自己的执行力，身为领导，你要为自己的员工扫除这四大因素，才能让他们创造更多的企业效益。

1.为什么你的下属总爱找借口？

每个人都有不同的习惯，良好的习惯能够帮助一个人快速走向成功，而那些不好的习惯只会将一个人逐步推向深渊，习惯找借口就是众多不好的习惯中的一个。当一个人总是找借口的时候，他不会在工作中尽心尽力，甚至在还没有开始干这份工作的时候，他就已经找到了没有干好这份工作的借口，更不用说让他提高执行力了。

借口是成功的最大阻碍之一，它会使一个人不断拖延工作，逃避、推卸责任，最终使自己丢掉工作。借口多的员工不仅懒惰，颓废，还缺少创新思维，在工作中没有一点进取精神，遇到困难不去解决只想着逃避，逐渐丧失了战斗力，让自己成为一个失败的人，甚至可能让一个企业顷刻崩塌。

作为企业领导，要想让员工减少借口、提高执行力，那么必须要知道员工爱找借口的原因是什么。只有找到原因，然后对症下药，才能从根本上解决问题，那时，提高员工执行力也就是水到渠成的事了。

那么员工爱找借口的原因有哪些呢？

· 不够自信。不够自信的员工，总觉得自己什么都做不好或者做什么都不如别人。当一件工作摆在面前的时候，他觉得自己办不好，就会找各种借口来搪塞。企业领导遇到这样的员工时，要对其进行不断鼓励，让员工充满自信。同时，在这个过程中，领导也能赢得员工的信任。

· 懒惰。有些员工是完全有能力做好自己的工作的，可是因为他们太懒惰，不想去思考，更不想去动手执行，只想坐享其成，所以他们会找各种借口来掩饰自己的懒惰。面对这类员工，不仅需要企业负责人努力激发他们积极主动的一面，还需要企业建立完善的员工约束制度。

· 习惯找借口。还有一种员工已经把找借口作为一种习惯，无论接到的任务自己能不能干好，第一反应就是想找借口来否定自己。不仅错过了展示自己价值的机会，更会错过升职加薪的可能。

面对这类员工，领导就需要"强行"给他们分派任务，只有员工在完成之后享受成功喜悦的时候才能不再找借口。

· 害怕犯错。很多员工第一次做某些事都会犯错，这是很正常的事情。有的员工在犯错之后，懂得自己反思和总结，避免下次再犯同样的错误。可是还有些员工不去反思和总结，只是一味将困难放大，自己吓唬自己，使得自己没有勇气去面对这件事情，总是害怕犯错，因此遇到任务总是会推脱。公司中有这样员工的话，领导需要给他们锻炼的机会，这样他们才能少找借口。

那些成功的人从来不找借口，在他们的眼中，找借口就是懦夫的行为。人生只有不断奋勇向前才能成就最完美的自己，借口只能是阻碍自己前进的绊脚石。越是借口少的人，越努力，越容易成功。

在今天竞争激烈的社会中，一个人如果借口越多，那么他的执行力就越差，自然就不会好好完成任务，在竞争中会变得不堪一击。要想让员工在企业中体现自己的价值，就需要让他们减少自己的借口。一个企业要想在竞争中处于不败之地，那么团队中的每一个成员必须对自己和企业充满信心，形成强大的企业凝聚力。

20世纪90年代，一个四川农村的小伙子到一家房地产公司做发单员。每月的工资只有三四百元钱，还不包吃住，只有成交生意时才会有一点儿提成。即便如此，小伙子也没有抱怨，每天起早贪黑地发传单。因为在他心目中，他的老板就是他的榜样，给了他足够的信心。他老板有一句口头禅：不找借口找方法，胜任才是硬道理。这句话如刻在了他脑海一般。

小伙子努力发传单发了半年，传单是发了不少，却没有一笔成交的生意，这意味着他没有拿到提成，只是拿了几百块钱的底薪而已。他的生活因此陷入了低谷，可是一想到他的老板和那句口头禅，小伙子又像打了鸡血一般抱着传单往外跑。

那之后，又过了两个月，终于有客户给他打电话了，这让他兴奋得不知所措。可是，由于他缺少与客户谈判的经验，与客户谈崩了，只能失望地走了。

当领导批评他的时候，他并没有找各种借口，只是承认自己在谈判方面还是有欠缺的。于是，在接下来发传单的过程中，他不仅是将传单发出去，还锻炼自己和陌生人沟通的能力。渐渐地，他的沟通能力得到了快速提高。

有一天，他发传单时，遇到一个人向他询问去某酒店的行走路线，虽然小伙子说得很清楚了，但这个人依然不知道怎么走。小伙子就帮他拿起行李，说道："我带你过去！"将这个人送到了目的地之后，对方向他要了一张宣传单。小伙子当时并没有在意，没想到第二天对方就打电话从他那里购买了两套房子。这件事让小伙子对自己的工作充满了信心，尽管他依然是团队中业绩最差的一个。

后来，公司的业务部门实行了淘汰制度，那些业绩差的员工都面临着被辞退的命运。很多业绩不是很好的同事都在抱怨，公司的这个制度太残忍，但这个小伙子没有抱怨，因为他知道只有胜任自己的工作才是硬道理，于是他更加努力地工作。他觉得自己的谈判能力还需要提高，所以，每次有经验丰富的同事与客户谈判的时候，他总是坐在一边认真地听，仔细做笔记，他还买了不少的书在业余时间学习。后来，有一个客户想买这个小伙子的楼盘，可是犹豫不决，他熬了两个通宵给客户做了一个楼盘分析报告，最终感动了客户，成交了这笔生意。

公司有个规定，季度业绩是第一名的员工可以升为销售总监，很快，这个小伙子就升为销售总监。可是，在第二季度的时候，另外一个同事的业绩超越了他，使得他不得不从销售总监的位置上下来。很多人替他打抱不平，但是这个小伙子却很冷静，他调整心态，继续拼命工作。在第三个季度，这个小伙子成为业绩第一，再次坐上销售总监的位置。这个位置他一直坐了多年，他就是后来的SOHO副总胡闻俊，他的老板就是SOHO中国董事长、联合创始人潘石屹。

胡闻俊一路走来经历了很多波折，可是他并没有找借口，而是从自身寻找缺点，并且想办法弥补缺点。在弥补缺点的过程中，他认认真真地总结，踏踏实实地执行，使得他在很短的时间内得到快速提升。

作为员工，应该在任何时候都不找借口，领导眼中没有任何借口可言，他们看重的是成果。一个真正优秀员工是从来不找借口的，而且执行力很强。只有那些失败者才喜欢用借口为自己开脱。

另外，企业领导要弄清楚自己的员工总找借口的原因，如果真的是企业的问题，那么就要立刻解决，让员工无理由可找。如果是员工自身的问题，那么，领导就要想办法让员工无借口可找。当员工没有理由可找时，自然会将全部的精力投入工作中。

2.毫无激情地工作，只会拖垮员工的执行力

当前的竞争非常激烈，我们每个人每时每刻都应该激情满满，否则，就会被社会的浪潮淹没。激情是事业的灵魂。如果一个人对工作没有了激情，就不会有执行力，自然不可能做好任何事。三百六十行，行行出状元。员工不应该将工作仅仅当作谋生的平台，更应该当作展示人生价值的舞台。只有充满激情地工作，员工才能在遇到困难的时候毫不退缩，勇往直前，攻坚克难，激发自己创新的灵感，创造出更有价值的产品，实现人生的价值。

那些缺乏激情的员工会将工作当成一种负担，刚上班就想着下班，对工作失去兴趣，自然不会有敢拼的精神。企业领导要想让这些员工在工作中有斗志，必须让他们对工作产生激情。员工对工作

有了激情，就能在事业上有所突破，为企业创造效益。

那么，作为企业领导，如何做才能激发员工的激情呢？

· 必须让员工明确工作的真正目的。很多人每天在按部就班地工作，可是从来没有认真思考过自己工作的真正目的是什么。这就需要企业领导通过各种方式，让员工认识到自己工作不是单纯地为了钱，也是为了实现自己的价值。如果能让员工认识到这点，他们就会自觉树立工作目标，提高执行力了。

· 让员工保持乐观状态。一个人如果遇到挫折就一蹶不振，那么就很难实现自己的价值。如果他能以乐观的心态去面对挫折，知难而进，就会改变自己的人生。这就需要企业领导为员工创造相对轻松、愉悦的工作氛围，对于员工实在难以克服的困难，需要领导自己或者组织团队去解决，让员工有了归属感，才能保持乐观的心态。

· 让员工学会自我鼓励。每个人都希望得到别人的肯定和赞美，可是并非每时每刻我们都能做出值得他人认可的事。有时候，即使我们工作做得很出色，也未必能得到他人的赞许。这就需要企业领导不断鼓舞自己的员工，更重要的是要让员工养成自我鼓励的习惯。只有员工学会自我鼓励，才会增强自信心，更有斗志地去工作，取得更大的成就。

· 让员工学会自己给自己减压。因为我们每个人不是孤立存在于这个世界，有时候我们承载着整个家族的希望，全公司的期待，无形中增加了我们的压力，只许成功不许失败。压力越大越难以轻装上阵，甚至压力大不进则退。作为企业领导，要理解员工的压力，帮助员工减轻压力，哪怕找员工聊聊天，进行人文关怀也是减压不错的方式，而且还能够拉近与员工的距离，建立信任。更关键的是要教给员工自我减压的方法，因为一个企业如果员工太多，领导不可能每个人都进行面对面交流，这不现实。如果企业领导能够教给员工几招自我减压的办法，那么领导也轻松了，员工的压力也轻了。

现实生活中，大多数员工在刚接触一份工作的时候，由于新鲜感，会激情四射地工作，可是新鲜感消失了之后，他们便对工作没了激情，甚至觉得工作很乏味，这是很可怕的。因为对工作没有激情就没有执行力，一个人没有了执行力，就很难在工作中做出良好的业绩。唯一拯救的办法，就是要让员工明确自己的人生目标，目标就是一个人努力的方向，有了方向才会有工作激情。

布雷迪出生在一个贫穷的家庭，而且父母亲体弱多病，为了解决家里的温饱问题，他很小的时候就被送到富人的家里做马夫。虽然家里的温饱问题解决了，可是布雷迪的理想不止于此。在18岁的那一年，他孤身一人来到一个建筑工地打工。到这里之后，他暗暗发誓：一定要做最优秀的员工。当别的同事下班之后在一起玩乐的时候，布雷迪却默默学习着与建筑相关的知识。

有一天晚上下班，别的同事都出去玩了，只有布雷迪躲在房间里面看书。这一幕正巧被公司的经理看到了，他过来看了看布雷迪手中的书，又看了看他的笔记，问："你学这些东西打算干什么？"布雷迪很自信地说："我们的工地并不缺少做苦力的人，但缺少既有专业知识又有经验的员工或管理者，对吧？"经理点点头。

没有多久，布雷迪就被经理破格提升为技师。布雷迪坐火箭一般的提升速度让其他同事十分嫉妒，尤其那些在工地上干了很多年的老员工更是不服气，他们不断地给布雷迪制造障碍刁难他，但布雷迪从不生气，总是温和地说："我不光是在为老板打工，也不单纯为了赚钱，我是在为自己的梦想和远大的前途打工。我要使自己工作所产生的价值远远超过所得的薪水，只有这样我才能得到重用，才能获得机遇！至于其他，我不会在意。"正是因为布雷迪有这样的信念，他在工作中才能时刻充满激情，将每一个交到他手中的任务办得妥妥帖帖。于是，在他23岁的时候就被提拔为建筑公司的总经理。

布雷迪知道自己的职位上升了，责任也会随之上升。他不仅要学习更多专业的知识，还要学会管理的方法。即使他每天很忙很累，他也知道只要自己时刻对工作充满激情就不会觉得累。他每天很早就来到工地监督大家的工作质量。就连工程师也觉得很奇怪，问他为什么每天来得如此早。布雷迪总是微笑着说："我来得早，一旦有什么紧急情况，我可以立刻想办法解决，不至于耽误整体工作的进度。"

布雷迪在工作上高超的技能及出色的管理才能，赢得了全公司的认可。五年之后，布雷迪被提拔为公司的执行董事长，实现了自己的梦想。

很多员工在工作中不够积极主动，总是等着老板给自己分派工作，甚至只有在老板的监督之下，才认真工作，老板一走，他们就自由散漫，不认真工作，这样的人是不可能有前途的。

领导要想让员工提高执行力，就要让员工明确认识到他们不仅是在为老板打工，还在为自己打工。只有员工明白自己是为自己工作，才能充分发挥自己的激情，在工作中创造佳绩。

因此，企业领导在工作中应该创造更加有利的条件，让员工树立明确的目标，并且以高标准严格要求自己，保持对工作的激情，不断创新，能够以最佳的精神状态面对困难，只有如此，员工才能创造佳绩。当然这句话说起来很轻松，但做起来还是有一定难度的，这就需要企业领导在培养员工的同时，也要提升自己的能力。

3.你的员工是不是只是看起来很努力？

当今职场，有一些员工在很短的时间内就能为企业创造价值，得到升职加薪的机会。更有不少员工看似很努力，可是不仅没有进步，在原地踏步，甚至还有退步的可能。这让很多企业领导很郁闷。因为那些看似很努力的员工，在工作的过程中总是抱着敷衍的态度，没有真正全身心地投入工作中。他们只是为了工作而工作，在有领导监督的时候努力工作，领导不在的时候，他们完全不将工作放在心上，这就导致工作效率低下。久而久之，员工就养成了一种习惯，干什么事情都去敷衍，不仅敷衍工作，甚至还会敷衍自己的人生。

我们的态度决定了我们拥有什么样的人生，如果我们总是抱着敷衍的态度面对人生，人生就会来敷衍我们。其实，有些员工还是很热爱自己的工作的，可是由于多年职场养成的坏习惯一时无法改正，甚至不知道怎么去改掉这些坏毛病。这个时候，企业领导要想让自己的员工提高执行力，就要采取必要的措施，让这些员工脚踏实地，认认真真地投入工作中。其实，最根本的一点就是要让员工明白，自以为以敷衍的态度去工作是自己占了便宜，节省了时间和精力，殊不知其实是在敷衍自己，浪费自己的生命。

那么，领导怎么做才能让员工全身心投入工作，不敷衍了事呢？

· 让员工喜欢自己的工作。员工只有喜欢自己的工作，才心甘情愿地为其付出，在执行的过程中才能细致入微，并且能够为了自己喜欢的工作吃苦。如果员工不喜欢自己的工作，是不可能高效率地完成工作任务的。因此，企业领导要不断与员工沟通，深入了解自己的员工，将员工的兴趣点与对应的工作岗位需求结合起来，给他们安排工作，这样员工才能在喜欢的工作岗位上更加卖力地工作。

· 让员工明确这份工作能够带给自己的最实际价值。人们工作的真正目的就是为了实现自己的人生价值。如果企业领导一直给员工灌输空洞的价值观，员工自然会反感。与其这样，不如让员工明确干好这份工作最实际的价值，比如，员工高效工作可以创造更好的业绩，可以拿到更多的提成，可以买自己喜欢的东西……当员工知道这些美好的愿景之后，自然对工作不会敷衍了。

我们在工作中经常看到这样的员工，干什么事情觉得差不多就可以了，从来不追求精益求精，这就是敷衍工作的表现。如果企业的员工以这种态度去工作，不仅会给企业造成重大损失，同时也会弄丢自己的饭碗。而企业领导如果放纵员工，默许他们敷衍工作，总有一天达到不可收拾的地步，最终只会将自己的企业毁掉。要知道，好员工都是企业领导一步步培养起来的，所以身为企业领导，坚决不能纵容自己的员工。

比尔比贝克早进入公司半年，贝克刚入职的时候，领导还让比尔带着贝克熟悉工作环境。他们一起工作了一个月之后，公司将他们分在不同的厂房工作，主要让他们负责厂房机械设备的维修和故障的排除工作。虽然他们分开工作了，但两个厂房距离不是很远，两个人还是能经常见面。

比尔每天一副很悠闲的样子，叼着烟，手中拎着一个扳手，在厂房的机器旁边溜达，只为和女工们开开玩笑，偶尔解决一下机械的小毛病，如果机械没有什么大问题，比尔经常偷溜出去玩。在修理机械的时候他总是马马虎虎，敷衍了事。当初贝克劝过他："机械是吃人的老虎，我们维修的时候一定要认真，千万不可马虎啊，否则会出人命的！"比尔不以为然地回复："别吓人，只要过得去就可以了，何必那么认真呢？你以为你是厂长啊？"这让贝克很无语。

而贝克每天除了认真地检查机械之外，还利用休息时间研究机械设备的图纸，学习相关知识。无论哪台机械出现什么问题，他都会第一时间想办法解决，并且将每台机械出现的故障都一一记录下来。只要有闲暇的时间，他就向这些机器的使用者询问机械设备的优缺点等，会做详细的记录，以求下次机械出故障的时候找到最佳的解决方案。

半年之后，贝克带着自己的记录到负责机械设备的主管那里，告诉他机械和人一样都是有寿命的，他所在的厂房有几台机械设备需要立刻更换。可是由于涉及一笔很大的费用，而且眼下机械并没有直接出现像贝克所说的问题，于是主管拒绝了贝克。这让贝克不得不向总经理汇报，总经理听完贝克的汇报，立刻同意了他的建议。很快公司花大价钱将贝克反映有问题的机械都换掉了。

当经理找比尔询问他负责的机械是否有同样的问题的时候，比尔很自信地说他的机械没有任何的毛病。可是，在比尔说完这话的第三天就出事了。他负责的厂房机械操作人员在工作的时候，因为机械上面的一个零件坏了造成一个女工受重伤。比尔着急了，在抢修的过程中，自己的三根手指头被机械切掉了。领导对此很气愤。比尔在厂子静养半年之后，听到他负责的厂房的工人对他充满了各种抱怨，最后不得不提出辞职。

后来，经理找贝克沟通工作，在闲聊中经理询问他："为何不像比尔那样去工作，这样不是很轻松吗？"贝克很坚定地说："那是我的工作，也是我的职责，我要对我的工作负责。而且能够做好我的工作，我感觉很高兴很幸福，所以我必须认认真真地去工作，只有这样才能对得起公司，对得起我自己！"

后来，贝克接管比尔负责的厂房设备维修及保养工作，任务量大了，他的薪水也增加了。

工作无小事，有时候看起来无关紧要的小问题，可能就会导致大问题。因此，领导在带领团队员工工作的过程中，要不断树立责任意识，让我们的员工不能有丝毫马虎，将每个环节严格、彻底地执行到位。坚决杜绝敷衍了事的现象，因为那样会为自己埋祸根，一旦出现问题，自己的良心能够安稳吗？

　　作为公司的一位员工，就要端正工作的态度，对敷衍了事的工作态度深恶痛绝。作为企业领导，要监督他人在工作中不要出现得过且过的问题，更要自己以身作则，认认真真做好每一件小事。只有在小事情尽职尽责，才更容易在大事上获得成功。

4.戒不掉的拖延症，让人深恶痛绝

职场中，很多员工在工作中面对领导交代的任务，明明一小时可以完成，可是在具体执行的过程中却一拖再拖，一天、一星期甚至更长的时间都没有完成任务。当领导要任务结果的时候，员工无地自容，顿时对自己的拖延症恨得牙痒痒。如果当初领导刚一交代任务，员工立即执行，自然能够高效完成任务。可是，一旦拖延起来，员工不仅对任务失去了新鲜感和激情，对领导的要求也记忆模糊了。因此，需要花更多的时间和精力去完成任务。

领导面对有拖延症的员工也感到无奈，表面上是工作效率层面的问题，但真的关乎企业的存亡。如果一个企业的一些员工身上都有严重的拖延症，他们会给其他员工造成消极影响，使越来越多的员工变得喜欢拖延，会降低企业整体员工的执行力水平和工作效率，严重影响企业的发展。

在工作中更为严重的是，有些员工对自己的拖延症有明确的认识，但就是不愿意马上改正，反而觉得拖延挺好的，甚至还能享受到在截止日期完成过后突然放松的快感。可是，这种快感越多拖延症越严重。

企业领导要想治好员工的拖延症，必须搞清楚造成员工拖延的主要原因。

· 过度追求完美。有些员工往往喜欢追求十全十美，一旦做就要做到最好。可是出手的时机相当重要，为了等待最佳的时机不得不拖延。领导要想治好这种员工的拖延症，最好的办法就是让员工认识到，人无完人，让他接受自己的不完美。再说人的一生没有绝对完美的一天，我们都是在前进中不断完善自己。

· 逆反心理。很多员工在受到领导批评的时候都有逆反心理，于是故意不去工作。因为他们认为做得越多错得越多。

· 被困难吓住，不敢动手。这种员工要么是被曾经遇到的困难吓住，担心再次失败，迟迟不敢去做；要么是看到别人没有做成功，就担心自己也做不成功，不敢动手。这样无形中就将困难放大，将自己吓住，降低工作的效率。

· 对自己的能力全盘否定。这种员工往往没有自信，低估自己的能力，也许很简单的工作也觉得自己不能够完成，于是就一直拖延，不去工作。

有不少员工在每天早晨开始工作的时候，对一整天工作计划得很完美，也坚信自己能够完成。可是在具体执行的过程中，他们缺乏自控意识，放纵自己，一会儿发微信朋友圈，一会儿刷微博，一会儿玩游戏……不知不觉时间就过去了，他们往往对自己拖延工作这件事有明确的认识，并且警告自己发完朋友圈坚决不能再动手机了，可是认真工作没有多久，又不自觉地刷起了微博，微博刷完又吃东西……等到了下班的时候，发现自己一整天的计划泡汤了，都没有完成计划的三分之一。自己开始恨自己的拖延症，就想着别人都下班了，将工作带回家完成吧。回家之后吃完饭，洗完澡，将没有完成的任务摆出来，然后接着刷微博、聊微信，当记起自己的工作还没有完成的时候，此刻已经困得受不了了。于是又说服自己：要不明天上班的时候再抓紧工作吧，肯定可以完成任务……第二天又是同样的状态，并没有改变……

从前，有一位国王，他的拖延症很严重，大臣每天上奏的奏章堆积如山，他总是告诉自己一会儿就看，结果每天也看不了多少，耽误了不少国家大事。可是，因为拖延症，让他失去了生命。这天，潜伏在敌方阵营的间谍给国王发回来密报，请国王务必尽快查阅。国王没有看，心想：我这样忙，现在哪有时间看，明天再说吧！到了第二天，国王依然没有看那封密报，他心想：肯定没有什么大事情，一会儿看也不迟。

他让服侍他的大臣为他斟一杯酒来。他喝完酒之后，打开了那位密报。看完之后暴跳如雷，密报中是这样写的：服侍国王的大臣是敌方间谍，他已经接到了毒杀国王的密令。国王刚想召集卫士，可是为时已晚，胸口一阵剧痛，鲜血从他的嘴里喷了出来，国王喝下的正是密报中所说的那杯毒酒。

设想一下，如果国王没有拖延症，在收到密报之时立刻查看，那么丢掉性命的就不可能是他，而是服侍他的大臣。正是国王有拖延症，而且一拖再拖，害自己丢失了生命。

有拖延症不可怕，可怕的是人们认识不到，比认识不到更可怕的就是明明知道有拖延症还不改正。很多人失败的原因就是拖延症，如果大家能够对自己的拖延症有明确的认识，并且自觉改正，那么一定能在工作中风生水起，让自己所在的团队对自己刮目相看，自己的人生将别有一番风味。

　　我身边有很多人都体会到拖延症给他们的工作和生活带来的消极影响。有时候，我们觉得自己错失的是一点点，可最后却发现我们错失的是自己的美好人生。拖延症真的是让人深恶痛绝，它是一种病，我们得治疗。否则，我们还有可能失去更多。

第三章

让员工明确目标与计划是非常关键的

每个成功的人士都有强烈的执行意识，而目标和计划就是强烈执行意识的动力源泉。领导要想让团队执行力提高，就需要让自己的员工明确工作的最终目标，但仅仅明确目标还不够，还需要员工制订详细可行的计划，并且恰当地根据实际情况做出改变。

1.员工目标越明确，执行力度越强大

目标在执行的不同阶段发挥着不同的作用。在执行任务的初期，目标起到的是引导作用，能够让执行者明确前进的方向；在执行任务的过程中，目标起到了监督作用，人们要不断与自己的目标进行对比，防止偏离方向和拖延进度；任务执行结束之后，目标起到了校验的作用，将实际操作结果与目标做对比，看自己是否完成了目标，并且进行总结。总之，目标在高效执行任务的过程中发挥了极其重要的作用。

在企业管理之中，目标管理与员工的执行力有密切的关系。领导在明确工作目标和制订工作计划之后，才能进行任务分配，任务执行者就是责任人，员工在执行任务的过程中需要根据具体的情况改正自己的不足，争取能够达到预期的效果。在执行任务的过程中，员工的自我评估极为重要，高估或低估自己的执行力对最终目标的实现均有很大的影响。这就需要领导协助员工对他们的能力有准确的评价，培养员工的高度自控力，还需要对他们的错误和不足有明确的认识。只有这样做，员工才能提高执行力，进而高效工作。

那么，企业领导怎么才能明确合理的目标，帮助员工提高执行力呢？

·目标必须是清晰的。领导在制定目标的时候，必须让员工清晰地知道自己该做什么不该做什么。如果目标不清晰，员工是毫无头绪的，即使别人想帮助也不知道该怎么下手。

·目标一定是高度适合企业的。很多制定目标的领导知道，如果将目标定得过低，那么获得成果自然会不理想。只有让目标符合企业实际情况，员工才能尽力去执行任务，即便完不成任务，得到的成果也是相当不错的。

·目标需要与计划保持一致。无论目标多么美好，如果道路不通，也只能是隔岸观火，无法实现。因此，计划也很关键，我们不能只重视目标而忽略计划，只有目标和计划双管齐下，才能保证执行任务的道路畅通，实现目标。

· 目标是可以量化的。我们在执行计划的时候，需要将目标分解到每个环节中，也就是需要将大目标分解成很多小目标。只有小的目标才可以量化，才可以给每个人分配合适的任务，有助于提高团队整体的执行力。

合理的目标有助于推动团队整体执行力的提高。如果目标太大，太过沉重，只能让执行者望而却步，不利于执行力的提高。但是当我们懂得对目标进行分解，让大目标变成小目标，让小目标与每个阶段的计划相吻合，这样只要一步步完成每个阶段的计划，就能逐步完成目标。

职业游泳运动员费罗伦丝·查德威克是美国第一个成功横渡英吉利海峡的女性。为了达成这个目标，她不断地练习，为这历史性的一刻做准备。这一天终于来临了，费罗伦丝·查德威克充满自信，昂首阔步，然后在众多媒体记者的注视下，满怀信心地跃入大海中，朝对岸英国的方向迈进。

费罗伦丝·查德威克刚下入水中，天气非常好，她很愉快地向目标靠近。但当接近英国对岸时，海上起了浓雾，而且越来越浓，几乎已到了伸手不见五指的程度。费罗伦丝·查德威克处在茫茫大海中，完全失去了方向，她不晓得到底还有多远才能抵达岸边。她越游越心虚，越来越精疲力竭。最后她宣布放弃。当救生艇将她救起时，她发现只要再游800米就到岸边了。

同伴安慰她："今天的雾太大，水温也不适宜，才会失败。"查德威克沉默了许久，摇摇头，说道："真正让我放弃的不是天气、身体等原因，而是我一直想着加州海岸离我还很远，尤其是当时间超出了我的预期，我的目标反而变成了压力。"

两个月后，查德威克再次发起挑战。这次她将整个过程分成8个阶段，在每个阶段都设置标志物，每游经一个阶段性标志物，她都感到既减少了压力，又增加了成就感。最终，她成功了，创造的记录比男性创造的快了约两小时。

可见，一个人如果没有了明确的目标，给自己带来的只有迷茫和前进力量的减退。我们在实现目标的过程中会遇到各种困难，这些困难会让我们迷失方向，不能准确衡量自己与成功之间的距离，即使成功就在眼前，我们也很难发现。因此，当面对目标的时候，企业领导要根据企业发展的具体情况及员工自身的情况进行分析，将大目标分解成小目标，分配给员工去完成。

　　此外，我们在制定目标和执行目标的时候，一定要走出误区。很多领导在制定目标的时候，完全不从自身企业的实际出发，而是天马行空，这样制定出来的目标很难实现；还有的领导认为目标只能是长远的，不懂得分解目标，于是在执行任务的过程中，让员工不知如何下手；甚至有些领导急功近利，着急要结果，导致员工在执行任务的时候，要么只在乎进度，要么只在乎时间，很容易降低质量和效率，导致目标无法实现。

　　因此，领导在要求员工提高执行力的同时，自己和员工一定要对目标有明确的认识，并且让目标与计划相协调，这样不仅利于提高工作效率，也利于团队整体执行力的提高，更利于目标的实现。

2.将目标量化到流程，才真实有效

　　每个人都有自己的人生规划，大到30年、50年之后，小到每天都会有一定的目标和计划，按照目标制订计划，一步一个脚印，才能保证高质量地实现目标。同样，一个企业也会有自己的目标和计划，不同的部门有不同的目标，不同阶层的员工也有相应的目标和计划，制订这些计划的目的就是为了帮企业创造更大的利润。

　　但是，如果企业领导将一个宏大的目标告诉员工，员工不是被目标吓倒，就是觉得自己的领导在吹牛，因为目标越大越是显得模糊不清，这样不仅打击员工的工作积极性，更不利于整体目标最终的实现。那么，有解决的办法吗？有，就是将大的目标量化到每个流程。也就是将大目标分成很多小目标，再将这些小目标分解到每个流程，每个环节，这样使得目标更具体，操作性更强，实现起来更容易。实现了一个个小目标，就是在实现大目标。

那么，企业领导如何将大目标量化到员工工作的流程中呢？

·合理将大目标分成多个小目标。企业领导在对大目标进行分割的时候，应该具有全局观念，并且根据企业实际情况进行分割，保证每个阶段都有需要实现的目标，只不过有轻重缓急之分，任务量大小之分而已。另外，在大目标分割的过程中保证每个流程环节是恰当的，这样更有利于目标最终的实现。

·将小目标合理地分配到每个流程中。在第一次分割大目标之后，每个人在每个流程都有了自己的目标，但这还没有达到可以具体操作的条件，需要我们再进行第二次目标分割。这次分割的目的是为了让员工对每个流程的目标更加明确，使目标的操作性更强，更容易将责任落实到每个具体的员工身上，这样在执行的过程中才能高效实现目标。

将目标量化到每个流程中，不仅能够减轻员工的心理压力，而且让目标变得不再空洞，在实际执行任务的过程中，目标更加明确。

孙杨从小有个梦想，就是成为一名光荣的人民教师，可是阴差阳错，他成了一名军人。经过这些年的军旅生涯，他心中的梦想越来越强烈，他想在自己退伍之后创办一所属于自己的学校。可是，一个残酷的现实摆在了孙杨的面前，他的家庭贫穷，而且自己没有背景和资金，更没有办学的经验，梦想似乎遥不可及。

当孙杨将隐藏在自己内心多年的秘密告诉自己的战友的时候，遭到了战友一致反对，他们认为孙杨在部队表现十分优秀，退伍之后应该被政府安排在很优越的工作环境中享受人生，何必去自己办学校呢？再说办学校又苦又累的，而且各种条件都不允许孙杨这样做。

孙杨在战友的反对声中默默按照自己的计划前进着。孙杨学历不够，更没有做老师的资格。于是，他退伍之后到一所私立学校，从一名助教老师做起。助教老师虽然表面上是老师，其实就是个杂工，什么活儿都得干，但孙杨觉得这是实现梦想的第一步。

孙杨经过一年的努力，从一名助教老师变成了一名主讲老师；又经过一年的时间，孙杨成了受学生欢迎、受家长信赖的班主任。随着经验和能力的提升，孙杨对学校的文化理念、授课方法都有了明显的了解，并且对教学管理有自己独特的看法，为学校提出了很多宝贵的建议，经过学校的实践也证实它们的可靠性。

在孙杨任教的第三个年头，由于他的突出表现，被提升为教导主任；后来，他又被提拔为校长的得力助手，在这期间他从各方面都积累了丰富的经验，他越来越清楚自己如何创办学校的步骤。

在第五个年头的时候，孙杨辞职了，他开始创办属于自己的学校。由于孙杨有丰富的教学管理经验，所以他创办的学校快速成长起来，让那些曾经反对他的战友刮目相看。

当一个人拥有自己的目标之后，还要坚守和呵护目标。很多人是有目标的，可是在岁月的长河中，曾经的梦想逐渐消逝。孙杨是值得我们学习的，他对自己的梦想坚定不移，知道立刻实现自己梦想的条件还不成熟。于是，他把自己的梦想分成了五年，他对每年要实现哪些目标都有明确的认识，然后脚踏实地地做好每一件事，实现每一个阶段性小目标，最终让梦想变成了现实。

身为领导，要想让自己的员工成为执行力超强的人，就要让他们意识到目标的重要性，并且要帮助他们能够恰到好处地对目标进行分割，让员工的目标量化，并将目标量化到每个流程之中。这样，员工在实现目标的过程中就会提高执行力，并且能够不断优化自己的目标，使得目标与流程形成一个完美的闭环。当一个个完美的小闭环实现，意味着我们的大闭环，也就是大目标在不断地实现。

3.计划可以调整，目标不可改变

理想是丰满的，现实是骨感的。在制定目标之前，有很多时候我们考虑不到可能阻碍目标实现的一些因素，因此，我们的目标是理想的，完美的。可是在具体实施目标的时候才发现，原来实现目标比理想中要复杂得多。此刻，如果我们依然按照原定目标路线执行，必然会遇到更大的困难，甚至让自己彻底受挫。与其这样，我们不如变通思路，对计划进行微调，绕开目标道路上受阻的地方，保存实力，继续前行，最终实现目标。也就是说计划可以随着执行的具体情况进行改变，但目标不要轻易改变。

我们都知道两点之间直线距离是最短的，可是甲地通往乙地的道路塌方了，如果我们非得坚持走直线，这就需要我们花时间和精力去维修道路，最终在五天之后将道路修通了。可是，如果先从甲地到丙地，再从丙地到乙地只需要两天的时间。我相信很多人会选择第二方案，因为它与第一方案相比，省时省力。但这只是一个假设，在现实生活中总有些人不懂得变通，为了从甲地到乙地，非得走直线距离，这样必然会增加时间成本。其实，只要在不影响最终目标实现的前提下，完全可以在执行的过程中，根据具体情况对计划进行调整，这是节省成本最好的方法。

如果我们对自己制订的计划进行调整，那么必须遵守两条原则：

· 计划可以改变，但目标不能改变。一般领导在制定目标的时候都很轻松，但员工在执行的过程中都会遇到瓶颈。这时，领导要根据员工反映的情况协助员工改变计划，但前提是不能够对目标有丝毫的影响。可是很多人在改变计划的同时也改变了最终的目标，当到达终点的时候，发现自己所做的事情与当初的目标背道而驰。因此，计划可以改变，但目标不能改变，否则白辛苦一场。

· 不忘初心，方得始终。改变计划就是为了实现目标，那么，我们在改变计划的时候一定要充分结合最终目标，一是看自己修改的计划是否有新的问题，是否有利于目标的实现；二是在修改计划的时候，看是否偏离了目标的方向，是否因为计划修改的幅度过大，让实现目标花费更大的代价。

无论是在人际交往中，还是在工作中，我们都应该有自己的目标。如果我们没有了目标，就没有了方向，随时会陷入迷茫之中。因此，制定目标是很关键的步骤。但有了目标还不够，我们必须根据目标的大小，制订更详细的、便于执行的目标实现方案。制订了计划还不够，人们常说计划赶不上变化，我们在执行的过程中，有时候会遇到阻力打乱我们的计划，这就需要我们重新改变计划。如果我们不懂得变通、改变计划，就只能让实现目标成为空谈。

因此，企业领导不仅要制定好目标，更要让自己的员工明确目标，并且在员工执行的过程中适时进行监督，以免员工在计划执行的过程中不懂变通。当发现员工执行工作偏离目标的时候，领导要懂得调整，不能让员工一条道走到黑，要创造更加有利的条件帮助员工完成目标。

　　　　我们公司的员工小张在工作的过程中不小心将公司的玻璃门打破了，玻璃碎片散落了一地，正巧被我们公司的老总看到了，他赶紧走过来询问小张："小张，你受伤了没有？要不要去医院检查一下？"

　　　　平时很少看到的老总对小张的亲切问候，让小张感动得几乎落泪，赶紧对老总说："谢谢您，我没有事的，我没有事的。"

随后，老总将小张部门的主任叫到了自己的办公室说："小张必须将玻璃赔了，而且要赔最贵的那种玻璃，好让公司的其他员工引以为戒！"

老总将难题抛给了部门主任，老总不想直接让小张赔玻璃，那得罪人的事就只能是主任做了。

主任沉思片刻，还是想到了更好的解决方案，他看到小张就说："你和老总的关系怎么那么好？他只是让你将玻璃安上就没有事了，前年有一个员工打碎了玻璃，不仅让将玻璃安装上还罚款3000元呢！这个是咱们门上玻璃的标准，别搞错啦！需要我帮忙的地方尽管说！"主任说完将写着最贵的玻璃标准的字条递给小张。

小张对老总及主任充满了感激，很快就买回玻璃，将其安装上了。

案例中的部门主任明显就是一个会办事、懂得变通的"人精"，老总将背黑锅的事情交给他去做之后，他不仅通过"你和老总的关系怎么那么好"无形中抬高小张，还将别人打碎玻璃的情况与小张打碎玻璃的情况做对比，证明了老总对小张的好。同时也巧妙告诉小张赔玻璃的事情不是我的要求。然后，将老总要求的玻璃标准写成字条给小张，还告诉小张需要帮忙的地方告诉他，其实在告诉小张他们两个人是站在同一战线的。主任通过巧妙的变通方法不仅完成了老总交给他的任务，而且还没有得罪小张，让小张对主任心存感激，并让小张心甘情愿地安装了最贵的玻璃，这就是主任的高明之处。如果主任直接告诉小张："老总说了，让你买最贵的玻璃安装上！"这样小张不仅讨厌老总，也会讨厌主任，可是主任没有这样说，而是在语言上做了巧妙改变，达到了很好的效果。真可谓，一箭三雕啊！

4.如何避免在执行的过程中出现重大错误

无论是在日常生活中，还是在职场中，我们都应该在做事情之前制订计划。目标与计划相辅相成。在执行计划的过程中该做什么，怎么做，达到什么样的效果，这些都与最终的目标有直接的联系。如果在制订计划的时候就出现了错误，那怎么可能实现目标呢？如果没有察觉到自己的错误，依然按照计划执行，只会浪费执行者更多的时间和精力，而得不到任何的结果。因此，我们在制订计划的时候一定要与目标结合起来，这样才能制订出最佳的计划，有了计划之后，执行者在执行计划的过程中要遵循一定的制度和原则。

那么，企业领导在制订计划的时候，如何避免在执行的过程中出现重大错误呢？

· 计划一定要分主和次。在制订计划的时候一定要注意，根据流程和环节的重要性，将计划分清主次，对于主要环节，从时间及资源配置上应该予以特殊照顾，人员配置实力最强的，设备配置最先进的，因为它决定着成败。

· 弄清计划与"盲人摸象"的关系。将目标分解到流程之中，每个执行人员只负责一小部分区域，从这一小部分的区域很难判断是否与目标一致，犹如"盲人摸象"一般，局部不可能代表整体，但又是整体的一部分。此刻，员工不需要盲目地与最终目标核对，否则会打击自己执行任务的积极性。在这个阶段，员工要做的就是踏踏实实按照阶段性计划执行。

· 计划要做到有张有弛。有些领导在制订计划的时候过于贪心，在每个流程都将计划安排得满满的，可是每个员工的时间和精力有限，如果都执行，可能出现顾此失彼的现象。最好的做法就是，领导在制订计划的时候有张有弛，有些环节计划该密集的时候密集，该疏松的时候要疏松。

企业以盈利为目的，因此各个层次的计划都要进行效益考量。那么，领导就需要让员工在实施计划的时候，主动考虑自己是否能够给企业带来短期的效益？又能否为企业带来长期的效益？短期效益与长期效益是否一致？企业要想生存与发展，不仅要考虑长期效益，更要考虑短期效益，因为短期效益能够快速给企业带来效益，让企业能够生存下来，只有企业生存下来，才能谈及发展，才能拥有长期的效益。但是，如果领导制订计划的目光过于短浅，则会对企业的长远发展造成不利影响。企业要想长远发展，离不开长远的计划，计划效益的长远性比计划的长远性要更强，有的时候甚至能够贯穿企业生存发展的始终。只有这样的计划才是有效、有竞争力的计划。

小何是一家全国知名连锁蛋糕店的员工，由于做事认真，业绩突出，老板将他派到外省去考察市场，希望他考察之后能够胜任该省的总负责人，也就是区域经理。

当小何到达该省走了几个地方之后发现，这些地方几乎都有自己品牌的蛋糕店，这让他很吃惊，他第一印象就是这些蛋糕店是仿冒的店，如果是公司授权加盟的话就不会派他来实地考察了。当时小何还不敢确定是怎么回事，于是，他以客户的身份购买了不同店家的蛋糕品尝，他发现这些蛋糕的味道与自家店里生产的并没有什么区别。

有一次，小何来到一家蛋糕店里进行仔细观察，他不希望打草惊蛇，只想搞明白这些店是怎么来的，没有想到引起了这家店老板的注意，便将小何从店里往外轰。小何生气地说："你这店是仿冒的，还理直气壮什么？"这家蛋糕店的老板不客气地说他自己是合法经营，任何人都无权干涉自己的正常经营，结果小何和这老板争吵起来，当场撕破脸。

后来，小何通过秘密调查才得知，这些店有的是从他公司辞职的员工打着他公司的名义开的，有的是公司内部有关人士私下与其他人开的。小何很生气，如果这些人打着自己公司的名义开连锁店，自己如何在这个省开展工作？于是，小何回去之后，直接将这一现象告诉了公司的老板，希望公司能够制定相关的制度或者采取法律措施维护权益。否则，他就没有办法去这个省开拓市场。小何直接对老板说："绝对不能纵容这种现象，否则我以后的工作都没法进行了，而且公司有明确的规定，必须杜绝这种问题，以后出了问题没人能够对此负责。"

当老板得知有内部领导参与的时候显得为难，老板觉得这些领导都是与自己一路打拼过来的，在外面挣点外快也是可以理解的，如果惩罚他们必然会影响公司内部的团结。小何看到老板为难便问："您信得过我吗？"老板很肯定地说："我肯定信得过你啊！"小何说："那这样吧！可以同时在这个省设立50家店，但前两年我不能为你挣回来一分钱，从第三年开始每年以递增20%钱数上交公司！你觉得怎么样？"老板最终同意了小何的建议。

小何将两年时间分为四个阶段：第一个半年他选择场地开连锁店，只要有仿冒店的地方就有小何开的蛋糕店；第二个半年集中力量请律师对这些仿冒店进行打击；第三个半年，他重点宣传自己的店和产品，让大家认识到正规店的好处；第四个半年，他把工作的重点放在新品和服务上……经过两年的发展，小何将自己的店管理得风生水起，由于前两年不用给公司上缴利润，使得小何经营的蛋糕店比其他家蛋糕店拥有更多的竞争优势，在竞争中脱颖而出，使得其他店纷纷倒闭。

第三年，小何如约给老板上缴利润。这让老板很高兴，说："小何，你能够坚持自己的原则这点我很欣赏，我计划在你负责的省内再增加30家连锁店，由你来负责经营！"

小何最终能够赢得老板的信任，不仅是因为小何做事的风格，更是因为小何在困难面前能够不屈不挠，做事有目标有计划，并且能够坚持自己的原则。正是因为如此，小何才能按照自己的计划，一步步击垮了那些仿冒的店，让自己经营的店不仅能站得住脚，还能够很好地盈利。

实现目标很重要，但是一个人如果做事没有计划，不遵守原则，是不可能实现最终的目标的。所以，领导和员工在制订计划的时候一定要因地制宜，坚守原则。我们做的每件事情，遇到的每个人都不相同，这就需要我们根据不同的人制订不同的应对计划，在按照计划执行的过程中要坚持原则，尽量在不损害他人利益的情况下为公司挣更多的钱。如果别人损害自己公司的利益，要对其进行毫不留情的打击。只有这样才对得起自己，对得起企业，才能更好地实现人生的价值。

所有企业都想拥有像小何这样坚持原则的优秀员工，但公司里的每一个人都是不同的，不一定都能达到小何的这种境界，这就需要领导对自己的员工进行恰当的引导，让他们明白实现自己和企业的目标其实是有章可循的。

第四章

高效管理时间与提高
团队执行力相辅相成

很多员工经常抱怨自己的时间总是不够用，很难在计划的时间内完成任务，这是因为他们没有管理好自己的时间。成功的人从来不浪费时间，也没有工夫抱怨自己的时间不够用，他们会用很强的执行力充分利用自己的碎片化时间，管理好自己的时间。所以作为领导，要不断提高员工高效管理时间的觉悟，这样才能提高团队的执行力。

1.充分利用碎片化时间

时间对我们每个人来说都很重要，可是有很多人因为不能有效利用自己的时间，往往错失了很多成功的机会。尤其是日常工作中那些琐碎的时间，很多人觉得这些琐碎的时间没有用，自然不会珍惜。日积月累，发现原来正是自己不在意的、挥霍掉的琐碎时间改变了自己的命运。

无论是企业的领导，还是员工，都应该重视日常工作中那些碎片化的时间，其实十分钟，五分钟，三分钟，甚至一分钟都可以干很多的事情。一分钟可以打电话预约一个客户；一分钟可以整理一份文件；一分钟可以签一份合同……每一分钟都是宝贵的，哪怕是短短的一秒钟也不能浪费掉。碎片化时间很容易被人们忽略，但是日积月累，它就是很长的一整块时间，如果很好地将这些时间利用，就能改变自己的人生。

那么，企业领导怎么让员工重视且充分利用好碎片化时间呢？

· 让员工重视每一秒。很多员工都认识不到碎片化时间的重要性，自然不可能利用好碎片化时间。作为领导，要想办法让每个员工认识到碎片化时间的重要意义，这种认识不是企业领导强迫的，而是员工们心甘情愿的。只有这样，员工才能自觉产生充分利用碎片时间的想法。

· 一定要让员工行动起来。经过企业领导的启发，有不少员工已经认识到碎片时间对自己的意义，但有的员工会因为自己浪费了很多时间而感到懊悔，甚至陷入这种懊悔之中，不能自拔。这只能说明一个问题，这类员工是思想上的巨人，行动上的矮子。总是想得很好，不去行动。要想看到充分利用碎片化时间所带来的美好结果，领导就必须让员工行动起来。

· 让员工学会享受碎片化时间带来的成果。很多员工将自己的碎片化时间利用起来了，也有了成绩，但是却感到迷茫了，觉得自己很累，却又不知道自己为什么累。这样的员工不在少数，那么作为领导，不仅要让员工学会怎么利用碎片化时间，更要教员工学会享受碎片化时间带给自己的成果。当员工享受到其中的乐趣之后，不仅有足够的执行力，还重新找到自我。

　　我国著名的钢琴大师郎朗，从小练习钢琴的时候就特别认真，每天都要练习很长的时间，有时候连吃饭睡觉的时间都忘记了。这天，他的老师在给他上课的时候问他："你每天花多少时间来练习钢琴呢？"

　　郎朗说："每天要练习五六小时。"

　　老师又问："你每次练习的时间长吗？还是一口气练习五六小时？"

　　郎朗很老实地说："练习起来就停不下来，可练五六小时之后就累得不行了，不得不停下来，我觉得只有这样，自己才能提高得更快！"

　　老师摸着郎朗的脑袋说："孩子你这样练习可不好。"

　　"为什么？"郎朗本以为老师会表扬自己的辛苦付出，没有想到老师却这样说，他感到不解。

　　老师说："你长大之后，不会有长的整块时间用于练习钢琴。你应该养成利用任何空闲时间都练习钢琴的习惯。比如，在你上学前后，午饭之后，休息之前的时间。有半小时的空闲时间就练习半小时，有五分钟的时间就练习五分钟，不要觉得这些时间太少，这是让钢琴融入你日常生活最好的办法。当钢琴成为你生活中不可或缺的一部分，你才能心中有钢琴，才能真正将钢琴练好！"

郎朗觉得老师说的话很有道理，于是，他充分利用自己生活中的碎片化时间练习钢琴，只要有一点空闲的时间他就想练钢琴，否则手就觉得痒，所有的努力最终让他成为世界知名的钢琴大师。曾经在一次国外表演结束之后，有外国记者采访郎朗，问他是如何提升钢琴水平的。郎朗说："我们生活中有很多碎片化的时间，只要将这些时间利用起来，化整为零，我相信任何人都可以取得非凡的成就。"

我们不要觉得碎片化时间没用，只要利用起来，达到的成果往往是出人意料的。很多人之所以觉得碎片化时间对自己没有用处，一是因为他们从来没有重视过碎片化时间，更没有利用好碎片化时间；二是因为他们没有充分利用好碎片化时间，自然碎片化时间没有给他们带来什么收益。一旦大家知晓充分利用碎片化时间所带来的价值，我相信每个人都想去利用碎片化时间来帮助实现人生的目标。

多年前，我们公司有一个小女生，每天上班她总要拉着一个大包来上班，最初我们都不解。后来有一次我发现，她在利用下班之后的时间，在办公楼下的马路边摆地摊卖东西，都是一些小女生的用品，有化妆品、发夹等。虽然我心里也想这些小东西能挣多少钱啊！但是我没有好意思当面说，只是鼓励她加油！后来，公司的人都知道这个小女生在摆地摊，不少同事都是一副不屑的样子，他们觉得摆地摊是白受罪不挣钱的事。但这个小女生什么也没有说，照样每天摆地摊。一年四季，除了下雨，其他时间她都照常出摊。

三年后的一天，小女生来到我的办公室请我吃饭，我问她有什么好事情。她很兴奋地告诉我，她在北京买房了，想邀请最好的几个朋友一起坐坐。听到买房，我便问她北京房子那么贵花了不少的钱吧。她告诉我她首付的五六十万元都是自己挣的钱。我有些吃惊，一个小女孩哪里来的这么多钱。她工资多少我是知道的啊！她告诉我，这些年她除了自己挣的工资之外，还利用下班的时间摆摊，晚上回家她就专心进行文字写作，出版了几本卖得不错的书，还在网络视频上给大家讲一些职场生活小技巧，当然大家想听的话都需要缴一笔费用。就这样日积月累，她买房的首付钱就够了。

小女生依靠自己的勤劳，再加上对碎片化时间的合理利用，完全靠自己实现了自己的梦想。因此，人们要想成功，就必须重视这些碎片化的时间，并且能够用实际行动将这些时间利用起来，只有这样才能更快地实现自己人生的梦想，不信你试试！

2.究竟哪件事情要第一时间去做？

　　企业要想提高员工的工作效率，就需要企业领导懂得对员工的时间进行有效的管理。管理时间最有效的办法就是要让员工学会对自己的工作时间进行分类，不同的事情花不同的时间来处理，这样不仅可以节省很多的时间，而且还能够充分利用时间，是真正实现高效率工作的不二之选。

　　那么，领导把员工的工作分为几种类型呢？

　　· 既重要又紧急的工作。完成这种工作需要员工留出足够的时间，而且必须提高执行力，如果拖延，只能导致一切灰飞烟灭。处理好了，可以升职加薪，改变自己的命运；处理不好，不仅是丢掉工作这么简单。

· 重要但不紧急的工作。因为很重要所以需要员工花较长的时间去进行规划，然后一步步去落实，确保高效完成任务，甚至超额完成。如果由于不着急因此进行拖延，可能毁掉重要的事情。

· 紧急但不重要的工作。这是站在不同角度来说的，比如，有人让我们帮忙办一件事，对他来说，这是紧急的需要立马办的事情，但对我们来说并不重要。对于这种别人的工作，如果在自己的能力范围内，能够尽快帮助别人是最好的，千万不要因为对自己不重要就放慢速度。

事情可以分轻重缓急，那些重要、紧急的事情，领导必须要求员工尽快处理；对那些当下不是很重要的事情，领导可以监督员工安排好工作时间。如果任何事情都用同等的精力和时间来处理，那么对不重要、不着急的事情来说，员工就在它们的身上浪费了很多的时间。如果让员工在这些事情上浪费了很多的时间，那么留给重要且紧急的事情的时间就少了很多，这并不利于员工提高工作效率，还有可能因为时间短、任务重，最终搞成豆腐渣工程。

同样，每个员工每天有很多事要处理，应该按照事情的轻重缓急列出一个清单，这样工作处理起来比较高效。但同时也有一个弊端，很多员工面对长长的清单，感到头大，觉得自己不可能完成，这样对提高执行力没有任何积极的意义。还有的员工看到清单上的任务，先挑选最容易的工作做，难度大的工作最后来解决，由于在容易的工作上花了不少的时间，难度大的工作就没有时间完成了，最终使前面时间白白浪费。

最好的列清单方法就是对每一件事情都权衡利弊，根据要达到的目的，由高到低排列事情的重要性。选取两三项最重要的事情规定在某一段时间内必须完成。最终，你会发现原来难度大的问题只要集中精力，完全可以在短时间内解决。重要的事情往往决定着工作目标的实现与否。所以，我们在做事情之前进行正确的分析很关键。

当年联想集团和美国合作之后，联想集团的董事长杨元庆面临着很大的压力，之前只是国内竞争，现在突然变成了国际竞争。他感到压力大，不仅因为国际竞争更加激烈，更重要的是第一次参与国际竞争缺少经验和心理准备。

杨元庆经过深入分析之后，认为最重要的任务是转变自己公司的重心。只有这样，公司才能以最快的速度参与到国际竞争中去。既然和美国合作了，那必须在美国打响联想的品牌，只有这样才能让联想的品牌逐步走向全世界。于是，杨元庆将公司分为两个核心，一个核心在北京，另外一个核心在美国。

公司是分好了，可是真正的品牌需要人来创造，那么公司内部的人是否适合参与国际竞争呢？杨元庆接下来做的事情就是，对联想内部的一些高层领导进行综合分析，他发现很多高层领导思想已经完全落伍了，在国内的小环境中管理公司也许还可以，但现在环境变化了，这些高层不适合参与国际竞争。于是，杨元庆做出了一个大胆的决定——改革。

他决定将一些年纪大观念守旧的老员工清出高层领导岗位，将一些常年位居中层年轻有为、思想灵活、积极向上的人提拔成为公司的高层领导。对于杨元庆的改革，那些面临被清除的老员工极为不满，制造种种障碍来阻止杨元庆的改革，因为这些人是元老级别的人物，他们认为杨元庆是卸磨杀驴，自己花费自己的青春帮助联想做大做强了，如今联想不再想要自己了，于是要将自己清除掉，他们很不甘心。杨元庆也很痛苦，他也舍不得这些老员工，可是，如果不这样改革，联想就难以去与国际市场竞争。虽然杨元庆面临的压力很大，可是他更不希望联想毁在自己手中，于是他咬紧牙关，不顾大家的反对，坚持将改革进行到底。

通过杨元庆的改革，联想的领导层在国际市场如虎狼一般，所向披靡，使得联想在国际市场占有一席之地，也让千千万万的客户从联想受益。

正是杨元庆通过分析，知道哪些问题对他来说是急需解决的。改革让联想拥有了适合国际竞争的人才，于是他将大量的时间投入其中，即使面临很大阻力，也没有动摇。

因此，当领导需要自己员工做很多事情的时候，先不要让员工着急动手，帮助员工理性地分析一下，把这些事情分出轻重缓急，然后有针对性地去安排时间做事。切忌眉毛胡子一把抓，否则，只能是费力不讨好。在对的事情上用对时间才可以提高执行力，进而提高工作效率。

3.帮助员工提高时间利用率

我们每个人都生活在时间之中，时间犹如阳光和空气一般赋予我们力量。可见，时间对我们的重要性。可是，即便如此，处于不同环境的人，不同年纪的人，不同心情的人，对时间也有千差万别的认识，甚至同一个人对时间的认识也是不同的，也可能是矛盾的。当心情愉悦的时候，有些人总觉得时间过得太快了，还没有好好享受就结束了；当着急等待的时候，他们总觉得时间过得太慢，犹如蜗牛爬行一般；当处于尴尬境地的时候，他们突然觉得时间静止了。当有人手头有工作需要做的时候，总觉得时间过得太快，其实时间没有改变，真正改变的是我们的想法。

时间和才能是一个人最大的财富。当一个人才能提高得越快，时间流逝得越快，因为才能需要时间来换取，没有时间的磨砺，一个人的才能很难提高。如果你觉得时间流逝得很慢，而且自己的才能没有任何提高，那只能说明你在虚度光阴。要想让时间流逝得慢一些，自己的才能提高得快一些，唯一的办法就是科学合理地分配时间，提高时间的有效利用率，才能让自己变得更有才能，更有价值。

企业领导在管理员工的过程中，最怕的就是员工不能科学合理地利用时间，进而导致他们执行力低下，工作效率差。好员工都是领导培养出来的，如果领导只是一味地批评员工，而不能教给员工科学合理利用时间的方法，激发员工工作的热情，是无法让员工提高执行力的。

那么，企业领导应该如何帮助员工提高时间利用率呢？

· 让员工的兴趣与目标保持一致。兴趣是最好的老师，当员工对一件事情感兴趣的时候，自然会花更多的时间去做，而且不会觉得累，效率也会很高。当员工对某一件事情不感兴趣的时候，他们在做的时候就会出现拖延，出现磨洋工现象，这样不仅不利于他们执行力的提高，更不利于工作效率的提高。因此，领导在为员工安排岗位的时候，尽量按照他们的兴趣爱好来安排。

· 帮助员工分清事情的轻重缓急。每个人每天遇到的事情不一定全部是重要的事情，也不一定全部是不重要的事情。重要的事情就需要员工抓住时机，花更多的精力去解决；那些不是很重要的事情，领导可以让员工少花点时间和精力，这样处理事情，员工会更有精力，更高效。

· 让员工懂得劳逸结合。现实生活中，有不少人为了房子、车子等只知道工作，却不知道该怎么休息，甚至认为躺在床上睡着就是休息，不仅缺少生活情调，更让自己变得麻木。更严重的是该休息的时候他们在工作，该工作的时候却在休息，这样只会降低工作效率。要想让员工提高工作效率，领导就要让他们懂得劳逸结合。

如果员工不懂得科学合理地分配利用时间，很容易出现本末倒置的现象。比如，我们面前摆着一堆石子和一堆沙子，还有个玻璃瓶子。第一次，要求我们想办法往玻璃瓶装更多的沙子，但玻璃瓶子里至少得有石子。那么，我们最先做的就是往玻璃瓶里装沙子，在玻璃瓶满得实在装不下的情况下挑选最小的石子塞进去，这样沙子量才能最大化。如果我们先装石子再装沙子，必然沙子量不可能最大化。第二次，让我们往玻璃瓶装更多的石子，但不能缺少沙子。那么，我们可以先装石子，然后再从石子之间的空隙塞一些沙子便可。如果我们先装沙子再装石子，肯定不可能让石子量最大化。

同样的道理，我们处理一些事情的时候，哪些事情先干，哪些事情后干，直接影响到最终的成果。如果先后顺序合理，那么我们就很容易达成目标。

罗伊是美国一位著名的推销员，他之所以出名是因为他对时间的合理利用，这使他在同样的时间内，能够干出超出别人几倍甚至几十倍的业绩。无论任务多么艰巨，到了罗伊这里都可以顺利完成。于是，大家对罗伊充满了好奇：他那么多的时间到底是从哪里来的呢？

当罗伊还是小小的职员的时候，他就知道合理利用时间的好处，更明白时间对一个业务人员的重要性，但要做业务必须对客户的心理有所了解。于是，罗伊报了心理学课程。他充分利用每一秒来学习。上厕所的时候他都抱着心理学的书本，出差的时候也带着心理学方面的书。这些课程的学习再加上直接与客户接触的不断实践，验证了他自己所学的东西，让他很轻松地把握住客户的心理，在以后的谈判中能够游刃有余。

不仅如此，罗伊还有一个习惯，不论是在开会还是在正常工作的时间里，他都会先说出一句口头禅，那就是"我的发言只有三分钟"。在面对自己的客户时他更是如此，他一般要求客户只要给他三分钟做产品介绍，而他也确实完成了这样的任务。这让他的客户在惊讶之余对他的高效工作也感到钦佩，这样的效率为罗伊树立了良好的口碑，所以他拥有了良好的业绩。

当罗伊拥有了自己的公司之后，他在自己会议室的墙上安装了一个特殊的钟表，这个钟表每过三分钟，就会发出警告。他在开会的时候，要求手下的那些推销员和策划者必须在三分钟之内完成自己的陈述，否则就失去表达的机会。正是在这样严格的要求下，罗伊的公司在同行业中效率是最高的。

请记住，合理利用时间的人一定是忙碌的，但他们的忙碌绝对不是瞎忙。一个人能够成功，不是看他在工作时间的8小时之内做什么，而是看他24小时都在做什么。只有分配好时间，每一分每一秒才能有强大的生产力，才能够创造出更大的价值，实现目标和梦想。

4.只需要走在时间前面半小时

我们每个人都会遇到这种现象：同样的工作量，有的员工能够保质保量地完成，甚至超额完成；但有的员工很努力，却总觉得时间不够用，总是完不成任务。后者看着别人经常去这里玩那里玩，自己不是加班就是宅在家里忙，感到很懊恼，总觉得自己的时间不够用。即使有很多员工严格按照计划来工作，可是还是不能准时完成工作，久而久之，员工也会怀疑自己的能力。

为什么员工总会出现时间不够用的情况呢？

· 拖延症拖垮了自己。明明在计划内可以完成的工作，可是有些人就是不断地拖延，导致后期加班加点，很难快速完成。

· 不懂得按事情轻重缓急来处理工作。事情都分个轻重缓急，员工需要先做重要的、紧急的事情，而那些不是很重要的事情可以稍微延后做。可是，很多人在工作的时候只是先挑轻松的来做，将既重要又紧急的事情放在最后做，员工在前者上花费了太多时间，自然觉得做后者的时候时间不够用。其实，考核工作量最重要的指标之一就是那些重要的、紧急的事情是否完成，而很多人都颠倒了做事次序，费力不讨好。

·不放心别人做事，总是事必躬亲。一个人的时间和精力是有限的，如果任何事情都亲力亲为，精力会跟不上，使得工作的效率越来越低。与其这样不如与信得过的人建立一个团队，一起做事，这样有利于提高工作效率。

·安排不恰当，随意插入的事情太多。在工作中很多人不懂得拒绝别人的请求，只要是别人请自己帮忙的事情，无论自己是否有时间都答应。最终，我们帮助了别人却没有时间和精力来处理自己的事情。所以，必要的时候懂得拒绝也是提高工作效率的方法之一。

时间对每个人来说都是平等的，每个人每天拥有的时间都是相同的，但是每个人用相同的时间创造的价值却是不同的。有的人懂得有效管理时间，创造出了很多的财富，使得自己的生命更加有价值。而那些不懂有效管理时间的人，总是觉得时间不够用，即使让他们拥有更多的时间也不会利用。

其实，让自己每天觉得时间够用，除了提高工作效率之外，还有一个办法就是提前做好准备工作，当第二天需要做一些事情的时候，在前一天将各种准备工作做好，不至于第二天手忙脚乱。

领导在管理员工方面也要提前做好准备，表扬员工时要说得有理有据，批评员工要批评得合情合理，这样员工才能接受。当然，如果领导没有提前做好准备，可能连自己的员工都不了解，连对方因为什么犯错或者立功都不清楚，这样领导在与员工交流的时候就显得很空洞，难以使人信服。

同时，领导也要让自己的员工在做任何事情上都提前做好充分的准备，这样员工就可以信心十足地去面对并战胜困难。只有提前做好准备工作，遇到突发状况的时候，领导和员工才能都做到临危不惧，轻松应对。如果平时很散漫，当遇到危机的时候，大家就会毫无招架之力。

阿尔瓦是一家公司的中层领导，虽然已经升任领导层一年多了。可是这一年用他的话说真的是生不如死，还不如当一个小员工轻松。当了领导之后，他每天有看不完的文件，开不完的会议，签不完的合同。他不得不加班去完成当天的工作，即便如此，依然得不到上司的认可，他的上司经常说他工作效率太低了，可是阿尔瓦心里很委屈啊！自己不仅白天努力工作，经常加班到很晚才回家，几乎每天最后一个离开公司，还经常将工作带回家完成。自己已经够努力了，可是阿尔瓦仔细想想，觉得领导说得对。

这天，烦恼的阿尔瓦决定用一个上午的时间，好好总结一下自己为什么工作效率低下，觉得时间不够用的原因是什么。他整理一份简单的文件，并且做出了严格的时间计划，如一小时查阅资料，一小时整理资料，半小时喝茶，半小时打印文件，半小时考虑……阿尔瓦之所以规定了时间，就是希望在这些时间内能够找到压缩时间的办法，可是，一个上午的时间过去了，他不仅没有找到压缩时间的方法，反而让没有处理的文件比平时变多了，这让他陷入痛苦之中。

阿尔瓦做出了一个决定：申请辞退这个职位。当阿尔瓦做出这个决定的时候似乎一身轻松，他站在领导面前毫无顾忌地将自己的苦恼说了出来。结果领导并没有答应他的请求，而是给了他一个建议："对你每天需要做的工作提前做好准备，你再试试！"虽然阿尔瓦不知道这样做是否有效，但他还是听了领导的建议。这天他回家之后，认真将领导的话进行了反思。之后将第二天需要做的工作——列举出来。突然他记起了明天一早需要打印文件还需要快递文件，但是打印纸和油墨没有了，于是，他赶紧到楼下买了一包打印纸和一盒油墨，上楼之后给快递公司的人打了几个电话，让他们第二天九点到办公室来取快递。他发现第二天还有一个合同要签约，虽然他担心自己打扰到对方，可是阿尔瓦还是打电话确认了一下，结果对方计划是下午两点到，之前客户说上午到。这样阿尔瓦就觉得自己第二天一上午可以投入工作中了。

将第二天的工作做了详细的安排之后，阿尔瓦顿时轻松了很多，躺在床上的时候，他觉得为了保证第二天的高效率，保证时间够用，他想了一个很好的办法，将闹钟响铃提前了半小时。第二天，阿尔瓦提前到了办公室，避免了堵车情况。他严格按照前一天晚上制订的计划去做，结果这天他的工作效率真的很高。他感到很开心，因为他找到了提高工作效率的办法——提前做好充分的准备等于走在时间的前面。

俗话说机会是留给有准备的人的。准备是一种战略，一种智慧。做好准备，不仅能够有充足的时间为自己将要解决的问题排除障碍，而且面对突发问题的时候，我们也能快速做出反应，解决问题。

无论做什么事情，无论事情是大还是小，有准备的人成功的概率往往比那些没有准备的人高很多。做好准备对每一个人来说都是极其重要的。

所谓情商高，就是会说话。优秀的领导都是情商很高的人，他们能够很好地和自己的员工进行沟通，懂得鼓励员工说出自己的想法，并且认真倾听他们的想法，同时也能很准确地表达自己的想法，让员工理解自己。有效的沟通才能保证高效的工作。

1.听懂员工说什么比命令他更有效

很多领导在与员工沟通的时候，为了能够让员工听明白他们所表达的意思，不仅重复说，还抬高声调说，唯恐员工听不明白，即便如此，也未必能达到良好的效果。这是为什么呢？因为每个人都有倾诉的欲望，如果一方不断地说，不给对方留说话的时间，无论你说得多动听，对方也未必会用心听，甚至会对你说的话感到反感。因此，领导在与员工沟通的过程中，不仅要学会说，还要学会听。当领导懂得少说话，将更多的时间留给员工诉说的时候，就能够与员工实现高效沟通。另外，作为领导，在倾听员工说话的过程中，不仅要听出话语背后的深层含义，更要理解对方的肢体语言。如果抓住了这两点，领导就可以与员工达到心有灵犀的效果。

领导在倾听员工话语的时候，需要注意以下原则：

· 不要在别人说话的时候打断对方。在倾听的过程中，尤其员工正在说得起劲的时候，领导不要随意去打断他，一是这样做不礼貌，二是这样做容易打断对方的思路，最终难以知晓员工的真正意图。因此，当员工在表达对方观点的时候，无论是错还是对，领导尽量别打断。

· 在倾听的过程中不要开小差。每个人在表达自己观点的时候都容易有个毛病，那就是将自己的真实意图隐藏起来，时机不到不会很直白地表达出来。身为领导，倾听的目的就是要听明白员工的真实想法和意见，这就需要企业领导在听的过程中全神贯注，不放过对方话语中的细节，才能弄明白对方隐藏的真正目的，这样才能占据主导地位，把控全局。

· 认真分析对方话语背后的意思。俗话说听话要听音，领导在听员工诉求的时候，对方的话语所表达的意思未必是真正要表达的观点，可能是声东击西。这就需要领导在听的过程中认真分析，搞明白员工话语背后的深层含义，这样在回应的时候，领导才能抓住核心，将自己要表达的观点说到对方的心坎上。

· 学会互动，主动表达自己的内心想法。沟通一定是一个互动的过程，如果一方一直说，另外一方一句话也不说，这样是不会达到沟通的效果的。最佳的沟通方式就是有互动，面对员工的观点，领导要在恰当的时机主动发表个人的观点，这样才能增加沟通的趣味性，更容易和员工进行交流。同时，领导还要制造愉悦的沟通气氛，不要总是板着脸和员工谈话，这样的话员工更容易表达自己的真实想法，也更容易明白我们的想法，进而达到有效沟通。

· 注意员工肢体语言中透露的信息。很多领导在与员工沟通的过程中，经常看到一些员工会有一些肢体语言，像微笑、皱眉、摇头、摆手等。不要小看这些肢体语言，我们将肢体语言称为人类的第二语言。肢体语言往往也能表达自己的观点。比如，当身为领导的你与员工沟通的时候，他不断摇头或摆手，这足见他对你的话题不感兴趣，那么你就没有必要再说下去，更不能强迫对方听下去。如果你说的某句话，让员工皱了眉头，说明他对你的观点很反感……总之，肢体语言也是一种语言，我们只有仔细观察，才能完全明白对方所要表达的意思，有些事，不见得非得用话语表达出来。

领导要想让员工提高执行力和工作效率，就必须得学会倾听，了解他们的想法和意见。因为，通过倾听，身为领导的我们可以了解事情的真相，从而找到解决问题的关键方法。另外，只有学会倾听，我们才能真正搞清楚那些比较含蓄的员工的真正想法，进而找到应对的策略提高沟通效率，帮助他们提高执行力。

2.切忌"想当然"，离目标越来越远

很多员工在与领导沟通的过程中爱犯的一个错误，就是"想当然"，也就是员工自以为理解了领导的意思，但其实他们并没有理解，甚至他们和领导的想法是相反的。

如果职场的普通职员总是"想当然"地处理问题，不仅让同事讨厌，也会让领导觉得头大。因为员工"想当然"地处理问题，只能让自己的工作偏离目标，无法完成任务。

那么，在职场中如何让自己的员工告别想当然提高执行力呢？

·切忌自以为是，不能确定的事情一定要进行核实。很多领导在交代任务的时候不会交代得很仔细，只是点到为止。不少员工并没有搞明白领导的真实意图，也不会主动去问，于是，他们就按

照自己理解的意思进行工作。这样导致的结果就是，领导所要的结果与员工理解的相差甚远。要想避免这种情况的发生，最好的办法就是领导在分派任务的时候，一定要表达清楚，核实员工是否真正听懂自己的意思。切忌让员工自以为是，一定要让员工养成对于自己不确定的事情要主动向领导核实的习惯。

· 用发展的眼光来看待一切。任何事物无时无刻不在发生着变化，比如我们的工作、我们所处的环境等，这就需要我们用发展的眼光来看待自己的工作。作为企业领导，在与员工沟通的过程中，尤其是那些工作效率低下的员工，不能用贬低的眼光看待他们，否则，大家在沟通的过程中，内心就会产生偏差，这样员工就会失去信心，自然不会有高效的执行力。同时，领导也要教会员工用发展的眼光看待工作，不墨守成规，能够根据变化做出适当的改变。领导也要鼓励员工在工作的过程中，多与自己互动，交换看法，确保员工的思路与自己的思路是一致的，这样才能提高员工和团队的执行力。

· 不要盲目乐观。很多企业员工在做事的时候，凭着自己多年的经验去做，很少对具体问题进行具体分析，甚至在与同事沟通的时候都凭着自己的直觉办事，往往适得其反。作为员工，不少人觉得自己经验丰富或者自己是老员工，任何工作都能够干得很出色。于是，盲目乐观，但他们完全忽视了事情的特殊性，凭着自己曾经的经验去做，并没有达到预期的效果，但依然不知悔改，结果错得一塌糊涂。因此，领导要以恰当的方式提醒这类员工不能盲目乐观，教会他们在接到任务的时候认真进行分析：自己曾经的哪些经验值得借鉴，哪些经验是不能借鉴的，分析清楚了再工作，这样对提高员工的执行力大有好处。

领导与员工的关系不是猫和老鼠的关系，而是相互配合、互利共赢的关系。这就需要领导在工作中与员工进行频繁的沟通，让员工明确目标，提高工作效率。员工多与领导沟通，让自己的工作方向与领导的目标趋向一致，让自己的工作成果使领导满意，这样才能实现真正的双赢。如果领导与员工缺少沟通，很容易拉大自己与员工之间的距离。另外，员工有时候很难理解领导的意思，由于自己与领导不熟，所以不好意思沟通，曲解领导的真实意图自己都不知道，并错误地进行工作，只能错上加错，适得其反。

公司的人力资源部为董事长招聘了一位助理，这位助理是一位年轻的小姑娘，性格内向，很少说话。人力资源部之所以选择这位小姑娘是因为之前的董事长助理总爱"叽叽喳喳"说个没完，而且做事能力差，董事长受不了就把她辞退了，让人力资源部重新招聘一位沉稳一点的助理。

新的助理不仅与其他同事很少进行沟通，与董事长也很少进行沟通，总是一个人独来独往。因为不善于沟通，工作上遇到不明白的地方，她也不会向其他同事请教。即使董事长交代的任务，她不明白的时候，也不会向董事长请教，总是按照自己的理解去做事，结果往往与董事长的要求相差很远，很难让中下层知晓董事长的命令，使得工作中不断出现差错和误会。

有一次，董事长给助理传了一份合同，让她打印盖章之后放在文件包中，那是下午外出与客户签合同急用的。助理打印好合同之后装在董事长经常办事的公文包中。第二天一早，董事长将助理叫到跟前，狠狠将合同甩在了她的脸上："你看你干的叫什么事啊？"助理捡起合同翻过来翻过去说："没有啥错误啊！"董事长指着助理问："合同至少一式两份，你只给我打印了一份？别人拿什么签？再说合同怎么能够拿废掉的单面纸打印呢？难道我们就那么缺少纸吗？"助理委屈地争辩道："您没有说合同打几份，我以为只打一份。再说国家提倡环保，我以为用废纸打印也可以！"董事长气得无话可说。

这天，董事长让助理马上帮助一个客户预订一间客房，助理很快预订好了。当客户准备入住的时候，找了很久却找不到，董事长不得不询问助理，当助理报上酒店名字和预订价格的时候，董事长气得鼻子都歪了："如此重要的客户，你竟然帮助安排了一间一晚只要几十元的小旅店，你让人家怎么住啊？"助理十分委屈："你也没有说这个客户多么重要，我以为只要能够住人就可以了！"董事长生气道："你认为的就是对的吗？你难道不会问我吗？"

没有多久这位助理就被辞退了。

当我们与别人沟通的时候，尤其对对方的意思不能够完全理解的时候，一定要进行询问，不要觉得不好意思，询问清楚了，就能够将问题解决，就可以完全避免不必要的麻烦和问题。很多人由于不好意思询问，对对方的意思一知半解，然后就按照自己的理解去办事，只会将事情办得越来越糟糕。可见，想当然对提高办事效率有多么大的危害，因此，领导在与员工沟通的时候，应该教会员工在按照他人的吩咐办事的时候，切忌不懂装懂、"想当然"，一定要将不清楚的地方搞得一清二楚，他们才能将事情办得漂漂亮亮。

3.沟通最终的目的是为了说服别人

沟通最终的目的是为了说服别人，可现实生活中往往出现这种情况：我们不断地说，结果却是费了很大的力气，但并没有说服对方。这样不仅增加了沟通的成本，还让沟通难以达到最终的效果。

沟通有两种效果，一种是我们说服了别人，别人同意满足我们的要求；另外一种就是我们没有说服别人，反而被别人说服。要想达到说服别人的效果，必须要想办法增强自己的沟通能力和语言说服能力。

当员工代表公司与客户进行谈判的时候，如果员工的说服能力很强，那么，他会很容易把客户说服，顺利达成交易，为企业创造更多的利润与价值。如果员工的说服能力不是很强，那么谈判最终的结果很可能就是失败或者是虽然成交了，但员工没有能够为企业争取到最大化的利益，甚至做了亏本的买卖，这样的员工肯定得不到领导的赏识。我相信每个领导都希望自己的员工具备极强的说服力，为企业争取更多的利益。

那么，身为领导，我们要建议员工采用什么样的语言形式，才能增强说服力呢？

· 用事实和数据来说话。事实和数据往往是客观事物的具体表现，比任何的描述和个人感受都更具有说服力。尤其在讨论问题或者汇报工作的过程中，巧妙地利用确切的数据就能够增强自己话语的可信度和说服力。

· 要以理服人，而不是把自己的观点强加于人。我们在沟通的过程中，要懂得运用"晓之以理，动之以情"的策略说服对方，让对方心服口服。这样不仅能够赢得更多的人脉，而且能够让对方与我们达成长期合作。如果我们只是把自己的观点强加给别人，别人只能是口服心不服，不可能与我们进行合作。

· 要了解对方，懂得换位思考。为了提高沟通的说服力，在沟通之前，我们先要对自己的沟通对象进行全面的了解，除了基本的资料信息之外，还得了解对方的兴趣爱好、习惯、需求等，好让自己每次说话都能说到对方的心坎上。另外，我们还得懂得换位思考，如果你就是对方会怎么做？会怎么说？只要明白了这些，说服对方就是水到渠成的事。

· 放弃一口气说服对方的打算。很多人在沟通的过程中，都希望一下子就能够拿下客户，达成交易，但越是着急，效果越不好。最好的方法就是将说服的整个过程分成几个阶段，根据说服的进度，安排说服的语言重点，步步为营，这样就会潜移默化地说服对方。

· 借助第三方的力量说服对方。对于实在难以说服的对象，我们可以借助第三方的力量间接说服对方，当然这个第三方必须有一定的权威性，而且是对方完全认可和信赖的人，这样我们才能更容易成功。

当我们要求别人去办一件事情的时候，如果我们能够以最快的速度说服对方，对方必然能够高效地完成我们交给他的任务。如果我们很难说服对方，对方是不可能为我们办事情的，更别谈执行力了。

因此，领导给下属分派工作的时候，不能只说"这件事情很好办，你一定要办好"这样很空洞的话，而是要说出让对方必须办好这件事的理由来。

　　我多年前的老同事最近要创业了，创业的项目是癌症的预防，可是缺少项目启动的资金。后来，我给他介绍了一位有钱人，虽然这位有钱人想投资项目，但投资什么项目还不确定。当我将这个投资人介绍给我的老同事之后，他们很快就见面了，并且谈得很愉快，双方达成合作意向。

　　我的这位老同事口才并不好，甚至有些结巴，能够说服这位见过大世面的有钱人，除了因为项目本身好之外，还有一个成功的原因就是我的这位老同事很好地利用了数据来说话，这是我在看了他的项目说明书得出的结论。

　　在他的项目说明书中，针对癌症的可怕性列举了很多数据，让我看了也有些毛骨悚然：

　　"据世界卫生组织统计，2005年全世界死亡5800万人，癌症死亡占13%，即死亡760万人。导致死亡的主要癌症种类为：肺癌，130万人死亡/年；胃癌，约100万人死亡/年；肝癌，66.2万人死亡/年；结肠癌，65.5万人死亡/年；乳腺癌，50.2万人死亡/年。在我们身边，平均每天因患癌症死亡的就有2.2万人，每小时1826人因患癌去世。根据国际癌症研究机构统计数据显示，2000年全球新增1100万个确诊癌症病例，700万人死于癌症，2500万人患有癌症。估计到2030年时，全球确诊患癌人数将比2000年的数字增长1倍以上，将有2700万人确诊为癌症，1700万人死于癌症，7500万人患有癌症。目前癌症在发展中国家，已占所有致死原因的25%以上，发展中国家2000年有大约600万人死于癌症。到2020年，这一数字将增加一倍，达到1200万。到2030年将增至2200万，到2035年将增至2400万，即20年时间将增加近五成……"

正是这些权威机构发表的数据，让有生意头脑的人看到了商机。

所以，当我们与别人沟通的过程中，不要觉得对方不近人情，难以沟通。其实，是我们自己错了，我们没有找到让对方心服口服的策略，也就是我们没有给对方一个十足的合理的理由信服我们的观点。

4.让员工明白自己的真正意思并不难

很多员工执行领导分配给自己的任务的成果极其低下，为什么会出现这种现象呢？很多领导认为是员工的执行力弱所导致，其实企业领导也要为此负一部分责任。因为很多领导在分派任务的时候，并没有和员工强调任务的重要性，更没有明确点出他们最终想要的结果。还有的领导对这个任务轻描淡写，自然不会引起员工的高度重视。如果让员工觉得这个任务领导不重视，那他自然会认为这个任务不重要，甚至觉得可有可无，于是按照领导吩咐的模糊意思去执行，虽然事情算是做了，但最终只能得到一个很差的结果。只有领导把要让员工做的工作表达清楚，让员工明白它的重要性，员工才能深刻地理解领导想要这件事情达成什么样的效果，然后才能将事情做到极致。

每个领导都想让自己的团队拥有超高的执行力，但提高执行力不仅是员工自己的事情，更是领导应该注意的事情。领导在与员工沟通的时候，必须明确地告知员工自己想要的成效，说白了就是给员工明确的目标，这个目标也许不仅仅是话语表面的意思，而是更深层次的意思。而且领导应该对自己的每个员工有清晰的了解，要经常和他们能够进行换位思考，看看自己的表达方式是否能够让员工完全明白自己的意思。如果不能，那么领导就要与员工进行再次沟通，直到员工完全理解自己深层次的意思为止。

那么，作为领导怎么才能够让员工明白自己真正的意思和想要的办事效果呢？

· 与员工的思想达到同频。每次说到思想同频，大家都觉得员工应该想办法与领导的思想同频。其实，要想让整个团队都拥有高效执行力，领导想办法与员工的思想达到同频是很重要的。因为这样领导就能随时随地把握住员工的心理状态，才能"投其所好"，想好办法让员工提高执行力。

· 训练员工，让其具备领导者思维。相信每个领导都希望自己的员工与自己心有灵犀，这样领导在表达和分配任务的时候就会感到很轻松，不需要说很多，浪费过多的时间和精力，员工就明白领导的意思，而且能够将事情办得妥妥当当。可是，毕竟这样的员工还是很少的。这就需要领导去训练自己的员工，让他们拥有领导者思维。那么，具体怎么训练呢？这就需要领导教会员工换位思考：如果你是这个公司的领导你会怎么做？当员工拥有领导者思维的时候，就会全面了解事情的发展方向，还围绕整体工作思路、工作中心、难点等，不断领会领导的意图，也就是要超越自己的职位去想领导要自己做的事情，有了这种积极性，执行力自然就提高了。

·良好的工作成果离不开双方高效的沟通。高效的沟通有利于员工执行力的提高。通过与员工的沟通，领导可以了解员工的性格、喜好、工作思路、工作作风等，方便企业领导在分派任务的过程中，能够充分利用每个人的优势，更好地完成工作。

相信职场上的每一个领导都想让员工提高执行力，将工作做到让自己满意。可是，很多时候，员工只是做到了表面的东西，没有真正理解领导深层次的意思。这样的话不仅使领导不满意，还让员工觉得很委屈。我们经常听到领导对员工进行工作成果评价的时候，总会说："好像差点火候！""感觉还缺点东西！"这就是员工工作不到位的具体表现，一旦员工了解了领导内心的深层次需求，那么提高执行力和工作效率是很容易的事情。

大学毕业之后，很多同学都到适合自己的城市去生活和工作，我们班里只有我和小吕留在了北京，因此，我和他见面的机会很多，我们经常在一起喝酒、聊天、回忆大学生活。小吕在一家民营企业工作，据他说刚进入这家公司的时候，他对一切都充满着好奇，于是卖力地工作，虽然工作没有取得大成绩，但对生活没有大要求的小吕来说，小惊喜还是不断的。时间久了，他感觉自己越来越累，而且工作了很多年了，自己的工资也没有涨多少，这让他越来越没有成就感，甚至觉得自己的领导越来越不重视自己，于是产生了跳槽的打算。每次我们聚会的时候，他都让我帮助他留意一下，如果有合适的工作赶紧推荐给他。我总是以老大哥的身份告诉他，现在工作不好找，能够干先干着，最后又不得不答应他，如果身边有合适的工作机会第一个推荐给他。

后来，小吕的公司在外地成立了分公司，小吕也被分派到外地工作。这一去就是三年。三年之后的一天小吕来北京出差，我们又见面了。我看到精气神很足的小吕，便问他："最近工作怎么样？没有换工作吧？"小吕告诉我："没有换工作，我觉得我这份工作还是很轻松的，之前是我工作比较散漫，现在我的执行力也提高了不少，工作效率自然就很高，老板也越来越器重我。我现在已经成为分公司的副总了！"我除了恭喜之外，还问他为什么有这么大的变化，小吕说："之前只要领导说做什么，我也不进行过多的思考，就按照领导的要求去做。其实这是一种很肤浅的工作态度，无论多么努力都不可能让领导满意。后来，在领导的引导下，我转变了思路，当领导分派了任务的时候我不着急下手，而是尝试站在领导的角度去思考，从公司的发展来说，作为领导最关心的是什么？担心的是什么？分派给我的任务与公司的发展之间有什么样的关系？领导为什么要分派这个任务给我？他想达到什么样的效果？我怎么去做才能让领导最满意？这么一思考似乎找到了完成任务的捷径，于是，工作也变得简单了，领导对我也越来越满意了！"

小吕的话很有道理。最初小吕进入这家公司年轻气盛，总认为老板的决策有问题，所以在工作中很散漫，缺乏积极进取的态度，领导肯定很难重用他。后来，他在领导的引导下终于醒悟了，知道该怎么去工作，更知道怎么工作才能让领导满意，领导不给他升值加薪才怪。

在职场讲求的是双赢。普通员工要懂得与领导沟通，在沟通中懂得揣摩领导的真实意图，将工作干得恰到好处，这样自己省力，也能让领导满意。同时，一个好领导应该向小吕的领导学习，学会引导自己的下属，让员工懂得换位思考，理解自己的真正意思和想要的工作成果。

第六章

合理的规章制度可以为提高团队执行力保驾护航

俗话说，没有规矩不成方圆。企业要想得到快速发展，就要根据公司的实际情况和员工总体情况，制定合理的规章制度。企业领导不仅要运用高效的管理制度管理员工，帮助员工提高执行力，并且还要运用完善的监督机制让员工落实自己的工作。

1.合理的管理制度帮助员工提高执行力

　　企业领导者着眼于企业的未来，而员工更多着眼于当下手中的工作，这就很容易出现领导者与员工的思想不能完全同频的现象。领导按照自己的高层思维去指挥员工工作，员工却按照自己的个人想法去工作，这样下去很难实现企业的最终目标，而完善的企业管理制度就是领导思想意识及目标的体现，它会将员工的行为规范化，让员工的工作目标和行为、思想与老板的无限接近，最终合二为一，形成强大的凝聚力，实现企业的最终目标。因此，一个企业要想快速发展，除了要拥有聪明能干、品德高尚的管理者之外，还应该拥有一套行之有效的管理制度来为企业的正常发展保驾护航。

　　那么企业领导者应该如何制定制度，帮助员工提高执行力呢？

· 制定企业的制度应该量体裁衣。很多企业领导在制定制度的时候完全不根据自己企业发展的实际情况出发，而是选择照搬其他企业的制度，这样制定出的制度不仅不能促进企业的发展，反而会制约企业的发展。因此，制定企业制度要量体裁衣，要充分考虑自己企业发展的现状。

· 企业管理制度需要简洁明了。企业管理者在制定制度的时候，为了达到一步到位的目的，将企业制度制定得很详细，少则几十页，多则几百页，这样不仅不方便员工学习和理解，反而会制约员工发散思维，打击员工的积极性。制度是一个框架，是企业发展的方向，如果太烦琐，会有很多弊端，所以制度简洁明了最好。

· 制度一定要以人为本。制定制度不能只是为了制度而制定，制定制度一定是为了企业的发展，那么领导在制定的过程中就应该充满人文情怀，让员工既能够感受到制度的威严性，又能体会到制度给自己带来的温暖。如果制度只考虑企业的发展，不为员工考虑，那么这样的制度也不会行之有效。

· 制度要明确责任，最好责任到人。如果制度不能明确责任，那么一旦出现问题很容易出现员工相互推卸责任的现象，与其这样，不如在制定制度的时候就明确规定谁负责哪个岗位，责任到人，方便追责。

· 将奖惩制度落到实处。制定的制度中不能缺少奖惩制度，对于优秀的员工就应该奖励，而且及时进行奖励，这样能够激发员工对工作的热情，为企业创造更大的价值。对于那些违反制度的人就应该惩处，让其吸取教训，引以为戒。

· 制度永远不是一成不变的。企业在发展，领导的思维也在变化，员工越来越年轻化，如果依然用多年前的制度来约束员工，不仅不利于提高员工工作的激情，还会制约员工的创新能力发展。因此，虽然制度不需要天天改变，但是应该随着企业的发展不断地进行调整，让制度符合员工、企业和社会发展的需要。

制度的作用就是维护企业的利益，为企业的发展保驾护航，如果制度有瑕疵势必会影响到企业的发展，甚至给企业带来不必要的损失。而此刻，第一要务不是追责，而是查漏补缺，让制度更加完善，避免这样的事情再次发生。

布雷迪经营着一家精细机械制造企业，由于经营有道，生意源源不断，使得他在三年内不断扩大自己的生产规模。在记者问他经营公司的诀窍是什么的时候，布雷迪很自豪地告诉记者，自己企业有良好的制度，这些制度是依据公司的实际情况制定的，而且能够具体责任到人，因此在每个环节都基本上没有出过差错。布雷迪还设立自己专门的邮箱，希望无论员工在哪个环节遇到问题，都可以直接向他反映问题，在布雷迪看来员工是在第一线工作的，是最容易发现企业问题的人，所以，他希望这些一线员工能够向自己反映问题，如果问题反映得及时也会给他们丰厚的奖励。

一场金融危机席卷全球，很多企业都倒闭了。布雷迪说他经营的企业虽然也受到了不小的冲击，但由于长期以来良好的管理制度和精良的产品，以及多年在市场打拼的经验，公司依然能够在风雨飘摇中坚持盈利。

这天，布雷迪在新闻上看到国家为了应对金融危机，拿出大量的资金来扶持制造企业。敏锐的布雷迪似乎从这场危机中嗅到了发财的机遇。于是，他赶紧召开董事会，集思广益，希望能够抓住机会，不仅让企业在危机中能够生存下来，还能找到机遇加速发展，让自己的企业变得更加强大。

采购部的经理瓦特里给布雷迪的建议，得到了大家一致赞同。他说："现在很多企业为了躲避危机，纷纷在甩卖自己的产品，所以产品处于最低价期间，而我们有些老旧的生产设备正在严重影响着生产力的进一步提高。我建议趁着这个机会，我们可以低价购买一些新设备，这样不仅能省下很多钱，还能提高生产效率，一举两得。"既然大家都很赞同，布雷迪就将这个任务交给了瓦特里全权负责。

很快，瓦特里联系到了一家设备生产企业，拿资料去向布雷迪询问意见，布雷迪很明确地告诉他这件事交给他负责了，不需要过多询问自己，最后叮嘱瓦特里金融危机期间很多企业缺钱，必须严格把关，不能出现任何的差错。瓦特里将合同起草之后拿给布雷迪签字，布雷迪看也没有看就签字了。

布雷迪的公司付款之后，产品也送到公司了，当见到设备的时候在场的人都傻眼了，这怎么能够算得上新产品呢？设备锈迹斑斑。瓦特里赶紧打电话询问生产商，结果对方的答复是，产品是新产品，只是在库房放的时间有点久而已，绝对不影响正常使用，并且对方保证会派技术人员过来亲自安装设备。这让布雷迪稍微消了一点气。可是一周过去了，布雷迪这边着急等用设备，而设备生产方依然没有派专业的安装人员过来。打电话一询问才知道，对方的安装人员已经去别家公司安装设备去了，最早也要一个月之后才可以回来，并且对方还劝布雷迪如果着急用的话可以先自行安装，等他们的安装人员回来过去调试一下便可。布雷迪便安排瓦特里等人去安装。

瓦特里不是专业人士，在安装设备的过程中遇到了不少的问题，使得设备不能够正常工作。他便催设备制造方，结果对方一拖再拖，迟迟没有派来专业的安装工人。于是，瓦特里给对方打电话，没有想到对方态度很强硬，意思是合同中并没有规定设备生产方在某个时间点必须把设备安装、调试好，这意味着一切主动权都在设备生产方。

布雷迪非常生气，赶紧让瓦特里拿出合同进行核实。结果看了合同，大家都傻眼了，合同中对设备生产方的调试时间没有做出明确的规定。布雷迪不得不批评瓦特里，可是合同也是经过自己签字的，自己也有责任。最后布雷迪亲自出面协调，设备生产方才派专业人士过来进行了调试，使得设备正常运转。

虽然这件事情解决了，但布雷迪深刻地认识到采购制度需要完善的重要性。于是，建立了一套完善的采购制度，从此再也没有出现类似的问题。

虽然有时候公司制定了大家都觉得已经是很完善的制度，可是再完善的制度也不能应对千差万别的合作公司，因此，同一份制度，同一份合同并不适用于每一家公司。可见，当我们在合作的过程中需要对具体问题进行具体分析，根据不同的公司状况制定不同的合作标准，只有这样才能保障自己公司的利益，否则会遭受很大损失。

2.要想执行到位，必须掌握这三要素

我们制定完善的制度就是为了防止员工在执行不到位的时候找借口，保证员工在执行工作的过程中不是随心所欲，而是在一定的约束力之下，全面彻底地将任务执行到位。我们制定的制度并非是让员工只是知道有这么个制度，而是要让这些制度对他们有约束作用，这样才能形成企业强大的竞争力，让员工自觉提高执行力。

制度之所以要渗入每个流程，是因为制度一般由上而下制定，也就是说制度是领导层制定的，如果制度不能渗入到每个流程，那么制度相当只为领导层制定的，对一般员工毫无约束力，员工都是处在基层的，也就是处在每个流程之中，只有制度渗入他们工作的流程中，才能够对他们起到真正的约束作用，才有助于他们提高执

行力。

企业要想拥有合理的工作流程，必须明确工作流程的三要素。

· 明确任务的流向。在工作流程中任务传递的方向和次序是不可逆的。制度自上而下，那么我们的任务就是领导安排给我们的，而不可能是我们为领导安排任务。在工作中，每件事情都有自己的逻辑顺序，都有主次之分，只有顺应了逻辑顺序，由主到次，才能让制度在流程中发挥最大的作用。

· 明确任务的交接。在工作的流程之中，每个部门、环节、岗位之间都必须进行任务交接。如果没有明确的目标和合理的制度，就不可能完成彼此之间的无缝对接，更不可能激发员工的工作积极性，提高执行力了。

· 明确任务对员工的促进作用。每个人都有惰性，如果在制度中没有对工作流程的环节进行协调和控制，就不可能起到促进员工积极工作的作用。因此，制定的制度必须对员工在执行任务的过程中对其进行必要的监督和控制，并且对出现的矛盾和问题及时地协调和解决。

一个企业要想健康快速地发展，不仅要有合理的工作流程，还得有科学管理的新成果，而且将流程融入企业运营的每一个环节之中，使得大家做起事情来有可参考的依据，不至于跑偏。即使领导者不在身边，企业也依然能够照常运作，这也可以给企业的领导者节省下更多的管理时间，让他们有更多的时间去思考企业的未来发展方向。

在服装厂的生产车间有两条生产线，迪夫和艾德分别负责不同的环节。迪夫做事不拘小节，他觉得任何事情只要不出错，差不多过得去便可，而艾德做事喜欢精益求精，领导分配的工作总希望能够做多一点，而且做好它。虽然在短期内看不到两个人有多么大的差别，但是随着时间推移，两个人最终的工作成果却差别很大。

迪夫带领的员工按照他自己的思路去工作，只要差不多就算这个流程已经完成了，便将工作转接到下一个流程去。迪夫这种点到为止的管理方法，使得他所带领的员工生产出来的产品有很多是不合格的。当转接到下一个流程之后，下个流程的员工不得不背上产品不合格的骂名，他们又不得不让迪夫的团队返工，这样不仅影响了迪夫的工作效率，也连累了其他环节的工人，以致无法提高整体生产效率。于是，他们纷纷给领导建议，不希望自己做迪夫下一个流程的员工。

而艾德却不同，他对自己负责环节上的员工要求很严格，不仅要求他们生产出来的每一件产品必须合格，而且要求自己的员工每天的生产量必须超过计划量。艾德这种精益求精的做法，使得很多人都愿意去做他负责的流程的员工或者是他的下一个流程的员工。这样不仅可以生产出高质量的服装，而且还能提高生产量，可以拿到更多的奖金。艾德生产出来的服装质量很高，而且销售得很好，甚至有客户直接指名让艾德生产自己订购的服装。

最初，这家服装厂规模比较小，迪夫和艾德的区别并不明显，但是随着服装厂的规模逐渐扩大，随着时间的延长，两个人的差别越来越明显，他们两个人的工作效率和工资待遇拉开的距离越来越大。即便如此，迪夫及他带领的员工依然进行自我安慰："工作只要差不多就行了，钱挣多少才算个够啊？"他们继续按照之前的态度工作。艾德却不一样，他觉得自己带领的员工取得了很好的业绩，就应该再接再厉，争取生产出更高质量的产品，拥有更高的效率，这样不仅大家能挣到更多的钱，而且企业还能赢得更大的市场。于是，他对自己所带领的团队提出了更高的要求，员工不仅没有反对，反而兴高采烈地准备挑战自己。

后来，迪夫生产的产品退货率越来越高，其他员工的意见也越来越大。最终，老板将迪夫辞退了，重新整顿他负责的那条生产线，让艾德全权负责整个生产线。

生产的每个流程和环节都是相互衔接的，当一个环节出现了问题，必然会影响到整个流程。那么，我们必须对自己提高要求，精益求精，这样不仅是对这个流程负责，也是对我们自己负责。如果总是马马虎虎地工作，不仅会影响到自己，还会影响到别人，甚至影响到整个企业。

此外，如果制度不清晰，环节不明朗，责任不明确，还容易出现浑水摸鱼之人，这是企业发展的大忌。所以企业必须拥有合理的制度，让负责每个流程和环节的员工更明确自己的责任，更加严格要求自己，进而提高执行力，这样才能保证企业健康快速发展。

3.建立制度的终极意义：能者上，庸者下

科学合理的制度不仅能够促进企业整体执行力的提高，更能激发大家工作的激情。而制度激发工作激情最有效的策略就是建立完善的奖惩制度。每个人都有惰性，如果没有惩罚制度，这能让那些不努力的人成为企业的寄生虫，最终蚕食掉整个公司。如果没有奖励制度，只会让那些自觉性很强、执行力很高、业绩突出的员工寒了心。因为做得好与坏没有任何区别，那么何必那么认真呢？这样也会让一个充满活力的企业逐渐失去斗志，最终不是员工纷纷离职，就是企业倒闭。

因此，企业领导在执行奖惩制度的时候，必须注意两个原则：

· 有奖有惩。一个企业要想快速发展，离不开奖惩分明的制

度。如果只奖励不惩罚，只能滋生员工的懒惰行为，不仅让员工失去斗志，更让企业失去活力。如果只是一味地惩罚而不奖励，员工就会对企业失去信心。只有公司建立合理的奖惩制度，在该奖励的时候对员工进行奖励，在该惩罚的时候对员工进行惩罚，绝不姑息，这样才能鼓励上进者更加上进，懒惰者改变陋习。

· 公平合理。无论是奖励还是惩罚，公司领导都必须一碗水端平，不能在奖励的过程中执行双层标准，比如两个人做出同样大的贡献，给一个人的奖励多，却给另外一个人的奖励少。这样只能让奖励少的一方看似拿到了奖励，却失去了更加努力的信心。在惩罚的过程中也应该公平，面对同样的错误，就应该对员工实行同等的惩罚。

奖惩制度的目的就是为了提高团队里每一个人的执行力和工作效率，而不是为了奖惩而奖惩。那么，领导在制定制度的时候，就应该以人为本，让奖惩制度能够真正发挥作用，让奋进者更加奋进，懒惰者变得奋进，最终提高团队的整体实力。如果奖惩制度起不到这样的作用或者奖惩制度只是从制定者的角度出发，而没有考虑到员工的实际情况，那么奖惩制度只是一种形式，不仅没有起到积极的作用，甚至还起到了反作用。如果奖惩制度起到了这样的作用，那么有奖惩制度还不如没有奖惩制度。

有一位老板只有小学文化水平，但依靠实干起家，虽然公司做得不是太大，但是在同行业的领域还是有一定影响力的。这位老板很爱惜人才，尤其是那些高学历人才，他希望通过招聘使高学历的人才到自己公司来上班，以此来弥补他文化水平不高的事实。

经过老板精挑细选，有两名员工被录用了，一个是哈佛大学毕业的雷哲，一个是普通院校毕业的安娜。由于同一职位在招聘，于是，入职之后将这两个员工安排在同一岗位。安娜知道老板很重视学历，而自己学历没有很大的竞争力，只能好好工作让老板看到自己的实力。于是，安娜每天努力工作并且保质保量地完成工作任务。但是雷哲的想法却不是这样，他依仗自己的高学历，知道老板爱惜人才，舍不得开除自己，于是在工作的过程中总是一副漫不经心的状态，工作效率极其低下。按照公司的规定，如果试用期内员工不合格，就只能离开这个公司。安娜的业绩突出自然留下来了，而雷哲虽然没有良好的业绩，面临着辞退的可能，可是因为他是名牌学校毕业的，还是留在了公司，而且享受着比其他人更高的薪酬待遇。因为是老板决定的，其他员工也不好再说什么。

半年过去了，其他员工都能够按时保质保量地完成任务，只有雷哲的工作状态越来越差，甚至半年所完成的业绩量还不如一个普通员工一个月的业绩量高。甚至老板将雷哲没有完成的任务分派给其他的员工来完成。雷哲依然拿着高工资，但替雷哲完成任务的其他员工却没有享受到额外的补助费用。这很快引起了很多员工的不满，不仅是雷哲的部门领导觉得他拖累了整个部门的业绩，那些帮雷哲干活的员工更是不满。他们多次给老板建议，但是老板仿佛没有听见一般。时间久了，大家也就没有了工作的激情，因为即使干得再多，也不会拿到雷哲那么高的工资。而且雷哲每天还很轻松，总在其他员工面前一副趾高气扬的样子，大家有些受不了他。有些员工选择了离开，即使没有离开的员工也不像之前那么认真地对待工作了，一副当一天和尚撞一天钟的架势。

很快老板认识到了公司整体业绩的下降，于是他赶紧召开会议，动员大家认真努力工作，虽然大家表面愿意接受老板的建议，可是私下没有一个人愿意去努力工作。此刻，老板虽然认识到业绩下降的原因，但是还是觉得雷哲是难得的人才，他能够到自己的小公司上班是天大的荣幸。于是对雷哲的行为依然是睁一只眼闭一只眼。

老板对雷哲的宠爱让他得寸进尺，很多工作他都不愿意去做，而此时爱才的老板，为了让雷哲有点成绩，好让自己在员工面前有个交代，有意将一些难度大的客户从雷哲手中拿过来交给其他员工，将员工手中难度小的客户交给雷哲。即便如此，雷哲依然没有提高自己的工作业绩。此时，员工更是生气，纷纷离职。最后，雷哲看到大家都离职了，觉得公司没有前途了，于是向老板提出了辞职。虽然老板依然进行了挽留，但是雷哲义无反顾地离开了，毫不顾及老板曾经对他的好。

奖惩制度的意义就是能者上，庸者下。而雷哲没有能够给企业带来任何的利益，甚至老板为了维护他损害了其他员工的利益，这不仅说明雷哲是一个庸才，更是体现了奖惩制度在老板的眼中形同虚设，起不到任何的作用。这样的企业如果想长远地发展，简直是在做梦。

一个有理想有抱负的领导者，不仅能够公正公平地处理好自己与员工之间的矛盾，尤其那些对公司无任何积极作用，甚至损害公司形象和利益的人，必然不会容忍，而是会果断地做出惩处决定，因为企业的利益永远高于一切。只有清楚前进道路上的障碍，才能让其他员工在道路上走得更加顺畅，为企业创造更大的利益。

4.完善监督机制，可以保障员工执行工作的成效

企业要想提高团队的整体执行力，仅仅依靠员工的自觉性是不可能实现的。这就需要企业领导建立健全监督机制，深入员工工作的每个流程，防止由于员工的懒惰或者执行不到位，影响到企业最终的整体业绩和效益。

在工作中经常有这种现象，领导对某些员工和工作结果要求严格，盯得紧，员工的工作质量就好，效率就高，最终的成果都很不错。如果领导对员工和工作结果没有要求，相信没有人愿意花更多的时间和精力在工作中，因为他们会觉得反正也没有领导检查，做得好与坏没有任何区别。这样的话，还有谁去认真工作呢？

因此，企业必须建立合理的监督机制，以防执行环节中出现漏洞，这样对提高团队的执行力和工作效率都是非常有帮助的。

那么，企业领导为了建立有效的监督机制，应该从哪些方面入手呢？

· 与员工相互配合，及时跟进员工的工作。要想提高团队的整体执行力，仅仅依靠领导颁布的制度是不行的，还必须有员工的积极配合。只有员工积极配合，监督机制才能发挥作用，帮助领导尽快发现问题，帮助员工解决问题。

· 监督机制不能时有时无。建立监督机制的目的就是为了提高团队的整体执行力，让大家都能高效工作。每个人都有惰性，尤其员工的素质低或者高效率的工作习惯还没有养成的时候，如果监督机制缺失，很容易让员工在工作流程中出现偷工减料的现象，最终拖慢工作进度。因此，监督机制应该渗透于工作的每一个流程。

很多员工在工作中都养成了这样的习惯，领导检查什么他们就认真做什么，领导不检查的工作证明不重要，不重要的事情还有谁愿意去做呢？很多领导希望自己的员工能够理解自己，能够超额完成自己交给他们的任务。可是有些员工可不这么认为，他们认为领导吩咐什么自己就做什么，从来不会做领导吩咐之外的事情。

某销售公司的销售业绩急剧下降，退货率不断攀升，客户的投诉信件犹如雪花一般飘来。这让公司的董事长极为生气，紧急召开了董事会，让公司的中层领导每个人写一份策划方案来改变现状。

当看到这些不痛不痒的解决方案的时候，董事长更是生气，因为这些策划方案没有人从解决问题的角度出发，只是倾诉员工多么辛苦，希望领导能够改善工资待遇和工作环境等。董事长只能自己想办法改变现状，他心里很清楚，产品质量不合格，就应该从生产部门的各个环节抓起。于是，董事长制定了产品质量监督机制，并对产品的制造标准提出了严格的要求，下发给每个中层领导，并且希望这些领导阶层能够带着全体员工全力配合。

虽然监督机制建立了，但是客户的投诉还是接连不断，董事长心想，执行的过程肯定有一个过渡期，当大家严格按照自己的监督机制进行管理的时候，生产出来的产品合格率一定会大大提高。于是，董事长并没有再过多关注客户的投诉问题。

两个月之后，客户的投诉比以前更多了，董事长不得不去寻找问题的源头，于是他就到生产车间去视察。当他看到机械依然在加大马力生产不合格的产品时，便很生气地问操作员：

"你们难道没有接收到我们产品生产的新标准吗？"操作员有些迷茫地摇着头说没有。

董事长再次将中层领导召集到一起问责，董事长询问的是生产部："为什么没有按照我们新的标准进行生产？"生产部门的经理说："我们所进的材料只适合生产目前的产品，而不适合您新制定标准的产品！我们也没有办法啊？"董事长又问采购部："是你进的材料有问题吗？"采购部的经理很委屈地说："我们采购的材料都是限额的，而且您还规定不能超额，可是在规定的额度内只能进这种材料了！"董事长觉得他们的话也有道理，便问销售部的负责人："客户投诉那么多，退货那么多，你作为销售部，为什么不想办法解决？"销售部的经理很生气地说："这能够怪我吗？你们生产出来什么东西，我卖什么东西，至于客户投诉，不是我能够控制的啊？"

董事长本想找这些人解决问题，结果这些人只是在相互推卸责任。董事长一气之下对生产部门的经理说："你负责生产，我以后亲自盯着你的部门，必须生产达标！至于其他的问题，你自己与其他部门协调！"生产部的经理无话可说。

从此之后，董事长总是到生产车间监督大家工作。但很快又出现问题，当生产部要求采购合格的原材料的时候，由于预算有限，生产部的要求采购部无法满足，导致符合标准的原材料迟迟不到位，生产部生产不出合格的产品，销售部着急了，因为市场上断货了。

最终，董事长不得不出面解决，以合格的产品为标准，给采购部提供了足够的预算，并且责任到人，如果采购部再出现问题，那么采购部的负责人必须离职。同样，原材料提供充足了，如果还生产不出来合格的产品，生产部的产品经理只能离职。如果客户还继续投诉，退货率依然居高不下，那么销售部的经理只能换人。以前是每三个月中层领导向董事长汇报一次工作，现在董事长要求每天必须要向他汇报工作。

在这次彻底的改革之下，公司生产的产品越来越优质，客户的投诉率和退货率也逐渐降低了……

可见，董事长之前的改革治标不治本，只是对某一个环节进行了监督，可是影响产品最终效果的往往不是一个环节，而是涉及产品生产的每个环节，所以领导要实行改革，必须对每个环节都进行调整和监督，才能及时发现和解决问题，起到真正的效果。

要想提高团队的整体执行力，企业就必须建立一套可以渗入每个流程的监督机制，并且在监督的过程中能够具体责任到人，确保每个环节都有具体的负责人。当在执行的过程中遇到问题的时候，要想办法从根本上解决问题。这就需要企业领导将最终目标与具体的流程相结合，将监督机制与具体的负责人相结合，确保每个环节都有跟踪检查，只有这样才能提高团队的整体执行力，创造良好的企业效益。

在职场中，员工更加注重做事的过程，因为他们在这之中付出了很多的精力，而且在过程中全力以赴也是为了得到一个良好的工作结果。而企业领导更加注重的是员工的工作结果，员工有了好的工作结果，才能给企业创造良好的效益。领导要想使员工拥有好的工作结果，就要让他们以结果为导向，拥有很强的行动力。

1.高效的执行力就是为结果而战斗

我们在执行的过程中切记一点，不是为了执行而执行，我们执行的目的只有一个，那就是创造一个完美的结果。很多员工在执行任务的过程中之所以没有取得成绩，是因为他们错误地认为自己的执行只是为了完成领导交代的任务，完全忽略了执行所要的最终结果。

完成任务并不代表得到了完美的结果。完成任务只是60分的标准，虽然是领导的要求，但并非是领导内心所希望的，领导希望员工能够做出的工作效果是80分、90分，甚至100分。如此高的分数，员工如果仅仅是完成任务是达不到的，这需要员工以100分的结果为导向，然后去努力，最终得到的结果不一定能够达到100

分，但是达到80分、90分，领导也是满意的。企业只有以结果为导向，高标准，严要求，再加上员工的高效执行力，才能实现完美结果。

那么，企业领导需要建立什么样的机制，才能够让员工高效执行任务，得到一个更加完美的结果呢？

· 要以明确的目标为导向。很多时候我们的员工执行力不强，是因为企业领导给他们的工作目标不够明确。要想让员工提高执行力，领导就必须让员工以结果为导向，只有明确最终所要实现的成果，我们才能明确方向，统一目标，才知道怎么去工作，从而提高执行力，实现终极目标。

· 执行任务一定要高效彻底。在执行任务的过程中一定要彻底，不能敷衍。这不仅需要有经验的领导在员工执行任务之前，提醒他们做好充分的准备工作。同时，领导还要适时监督员工的工作，因为每个人都是有惰性的。在员工完成任务之后，领导要用企业健全的制度对员工的工作结果进行考核。这不仅是对结果的验证，更是对员工工作态度的考核，这样才能够让员工在工作中总结得失，争取做到更完美。

提高执行力的目的就是为了创造完美的结果。一个企业强烈要求的执行力是什么？就是完美的结果，这种结果就是为企业创造最大的利润和最大化的价值。因此，在创造结果的过程中，员工遇到多少困难，受到多少磨难，这些与企业所要的结果没有多大的关系，所以员工没有必要在企业领导者面前炫耀或者邀功。在企业领导者面前，没有创造出良好的结果，即使员工再辛苦也是没有任何意义和价值的，甚至还可以说是对企业资源的一种浪费。

要想让员工拥有以结果为导向的高效执行力，必须要培养员工，让他们有很强的责任心。如果员工没有责任心，在工作的每个环节都需要别人监督，是不可能提高自身执行力、为企业创造效益的。

我的一位陈姓朋友在一家中美合资的制药公司工作。在中美合资企业的工作经历，让他更懂得作为一个员工，应该怎样做才能算是尽职尽责，达到领导想要的工作效果。

他给我讲了一件他亲身遇到的事情，让我深受启发。

在一次会议上，一家制药公司的经理问经营科长："我们在上海的市场开发项目进行得怎么样了？"

科长说："所有准备都做好了。为了这批药物能够打入上海市场，我们做了很多的努力。在各大医院，我们开设了医学研讨会，样品也已经被医生用于临床，反映效果非常不错，他们愿意用我们的新药品。医药公司也统一进我们公司的货，各大药店自然不在话下了。"说完，科长有些沾沾自喜，仿佛一切尽在他的掌控之中。

经理一脸严肃地问："那为什么还不赶快发货？这些药品还一直堆在仓库里呢！"

科长说："最近火车站车皮很紧张，腾不出车皮为我们发货。"

经理听后非常恼火，便问："那是你的事情，只要药品一天没有到患者手中，你就必须去解决，不要找任何的理由，我要的是结果！"

科长看到经理发飙了，也不敢急慢，赶紧拉着我的陈姓朋友去火车站，希望尽一切努力争取一个火车车皮。

我的陈姓朋友虽然跟在科长的后面，可是对能否争取到火车皮持怀疑的态度，关键是火车站是为绝大多数人服务的，并不是为某一个公司专属服务的，怎么能想要车皮就能要到呢？

科长似乎看出了我朋友的心思，便很镇定地说："经理说得对，只要药品没有到患者手中，就是我们没有完成工作。我们必须去为自己争取机会！"

后来，科长与我的朋友与铁路局的人反复进行磋商，终于安排好了运送工作，药品被很快运到了上海。

这件事让我的朋友深刻地明白了什么叫追求结果，什么叫对结果负责。

这件事情不仅对我的朋友启发很大，对我同样启发也很大。可见，当一个人有一定的责任心，并且关注结果，努力做出自己想要的结果，就会克服一切困难去实现。如果没有责任心，即使很小的困难，也会阻止我们前进。

那些富有责任心的人，工作的效率更高，而且干任何事情都容易成功。他们不仅有对工作负责的态度，更有对结果负责的态度。

无论是个人的成长，还是企业的发展，都离不开人们对结果负责的心态，这种心态就是责任心。正是因为拥有责任心，我们才时刻提醒自己所要的最终结果，并且我们会为了结果而不顾一切去努力，去奋斗！

2.如何建立行之有效的考核机制

我们无论做什么工作都应该以最终的成果为考核的标准，如果只是注重过程而忽视最终的成果，只能是本末倒置，白费功夫。虽然很多人会说没有良好的过程，怎么可能有良好的成果。的确，但是如果我们过于注重过程，那么我们势必要在过程上花费更多时间和精力。一个人的精力和时间是有限的，如果在过程中花费的时间和精力太多，完全有可能成为强弩之末，还没有到终点就已经倒下了。这和赛跑同样的道理，大家希望看到的是谁最终以最快的速度到达终点，而很少有人在乎你在赛道上跑步的姿势。

现在是竞争激烈的时代，也是以成败论英雄的时代，最终的成功最关键，这就是所谓的"胜者为王"。在人生的舞台上，没有人有时间有意愿去了解你背后的辛酸泪史，更多的人想看的是我们在台上展示给大家的精彩瞬间。所以，我们在台下付出了多少，对我们自己而言可能是很重要的，但往往对于可能决定我们人生的人来说，并不是重要的，他们想要看到的是我们的成功。因此，我们在只有以最终的成果为导向不断奋斗，蔑视困难，才能跨越它们，成为赢家。如果太过注重过程，那么我们就会不断放大挫折和困难，无法达到自己最终所要的成果。

那么，企业领导如何让自己的员工以结果为导向，创造良好的工作结果，建立行之有效的考核机制呢？

· 以结果为导向，员工才会有动力。因为员工知道最终需要什么样的成果，所以在执行的整个过程中，可以以最终所要的成果为参照，集中精力，严格要求自己，一步步向最终结果迈进。尤其是当员工体会到最终的成果带给自己的喜悦的时候，会在无形中给自己更大的动力。

· 以结果为导向的考核才能让成功有效。往往一项工作需要多个环节才可以完成。为了实现最完美的成果，就需要领导以最终所要达到的成果为目的，在执行的每个环节对员工的工作进行实时考核，争取最终的成果与最初设想的一致或者优于设想的。

· 企业领导在建立以最终成果为导向的考核机制的时候，可以放松对员工工作过程的监督，但对他们的工作成果一定要进行严格考核。为什么要这样呢？如果在执行的过程中领导太过注重过程，只能让员工背上沉重的包袱，难以快速前行，也很难提高自己的工作效率。因此，在员工工作的过程中，领导需要想办法调整员工的心态，让他们轻装上阵。但是，要记住轻装上阵并不意味着忘记目标，很多员工一放松就忘乎所以了，这是很可怕的。

　　我的大学同学李雨，是我的同桌也是我的舍友，所以我们经常一起去上课，然后一起回宿舍。彼此有什么事情懒得去做，就让对方代劳，最初我并没有注意到他的毛病。后来，我发现他的毛病越来越多，甚至有些事情我都不敢让他代劳了，免得出现差错。举个例子吧！有一次中午，我懒得下楼去食堂吃饭，便让李雨帮我带一份饭菜回来。结果都到下午两点了，他还没有给我带回来，我饿得实在不行了，便吃了一碗泡面，这个时候李雨两手空空地回来了。我问他："给我带的饭菜呢？"他给我的回答是，他在食堂遇到张某，聊了一会儿天，然后李某让他帮助办一件事情，办完事情又遇到了王某……当他再次返回食堂的时候，食堂已经关门了，这令我很无语。还有一次我急需一本考研用书，正好他去书店，于是，我将书名告诉他，让他帮我买回来，结果他没有买回来。他告诉我他在车站遇到了谁谁，后来又遇到了谁谁，总之忘记了我的事情。虽然我有些生气，但是从他的生活习惯方面一想我也就释然了。

李雨毕业之后，找到第一份工作干了不到两个月就被公司开掉了，他不仅没有挣到钱还亏了不少的钱，这让我们很多同学纳闷，担心他上当了，后来听他一说我们都明白了。李雨刚到公司的时候，由于开发的客户资源比较少，为了顺利通过试用期，他四处奔波游说客户，可是依然不见效果。刚好部门有一位同事被公司外派学习三个月，于是，领导决定将这个同事已经开发的客户资源分享给其他的同事。李雨分到了几个客户，其中有一个客户很重要，李雨花大力气去游说，希望能够尽快与这个客户签约。于是，他经常约客户出来吃饭聊天。两个月不到，李雨就拿着一大堆消费收据找领导报销，领导都惊呆了，问他怎么花了这么多钱。李雨理直气壮地说："您不是说重视客户体验吗？她喜欢名牌包包，我给她买了名牌包包。她喜欢高档化妆品，我给她买了高档化妆品……"领导气得指着李雨，无奈地说："的确，我是说让我们重视客户体验，但你这是让客户重视别人的产品体验，和我们的产品毫无关系。

另外，我们维系客户的目的是销售我们的产品，但你却在维护客户的过程中，忘记了最终目的。再说了，我们即使卖产品又能够从中挣到多少钱啊？你却花了这么多？我看你不是在维系和客户之间的关系，你这是在给客户当老公啊！"最终，领导只报销了他认为合理的一些费用，其他的费用并没有给李雨报销。李雨很生气，与领导吵了一架，最终被领导开除了。

像李雨这样的案例并不少见，很多人看似很努力，却在执行的过程中迷失了方向，忘记最终目的，只会一无所获。

因此，我们无论做什么工作，都要以最终的成果为目标，如果对自己想要的结果不明确，就只是瞎忙。因此企业需要建立考核机制，帮助员工验证他们的劳动是否有成果，还有哪些地方需要改进等。当然这是在公司考核机制合理的情况下，如果考核机制本身就有问题，对员工来说是极不公平的。

如果我们达到的成果超过了预期，这就证明我们的付出是有效的，我们也是有价值的。因此，我们在努力的过程中，必须明确终极目标，在完成之后接受考核，只有这样才能实现自己的价值。

3.为什么以结果为导向的人能够成功

这个社会很现实，以成败论英雄，虽然我们能够理解一个人在努力的过程中，会遇到很多不可抗力导致失败，可是大家只在乎你的最终成果，没有人去在乎你的付出。完美的结果胜过了一切，这是市场的需求，也是企业的要求。虽然我们知道没有一个良好的过程，就不可能有一个完美的结果，即便如此，企业的领导还是看重最终的结果。所以，无论做什么工作，我们都应该重视结果，努力落实每一件事情，要以结果论英雄。只有这样我们才能变得足够强大，即使在遭受挫折的时候也能够微笑应对。

以结果为导向的人，能够成功的原因到底是什么？

· 以结果为导向，才有足够的勇气面对挫折。以结果为导向就是员工在执行任务之初对自己所要达到的目标很清楚，而且这个结果是员工发自内心期望的，那么就不会在执行的过程中遇到挫折就退缩。

· 以结果为导向，会让员工的借口减少。为自己所期望的东西付出，即使再苦再累，很多人也不愿意找各种理由搪塞或者叫屈，因为他们知道这样做是值得的。

· 以结果为导向，员工只能全力以赴。在这个过程中，员工需要有高度的自信，任何时候都绝对不能放弃，否则就真失败了。

· 以结果为导向，没有良好的结果就没有良好的生活。如果员工没有完成工作任务，就没有为企业创造价值，没有价值就不领取工资，没有工资员工就无法维持自己的生活。努力工作且实现目的才是让员工提高生活质量和自身价值的资本。

企业必须要求员工以结果为导向进行工作，这样就可以为企业创造更多的利润。因为一个很现实的问题摆在老板的面前，那就是给员工发工资。老板自己可以不拿工资，但必须给员工发工资，否则员工就会离职，让整个工作体系瘫痪下来。而员工则没有这个压力，只要将自己工作做好就可以拿到工资。企业领导者可不能和员工一样想，他需要带领员工为企业创造更多的利润，这样才能给员工发工资。因此，有人说老板就是为员工打工的。

当然不是说员工没有老板那么大的心理压力，就不需要努力工作。反而员工更需要以结果为导向，去努力工作，因为领导者最终所要的利润正是依靠每个员工所做出的业绩产生的。如果员工心中没有以良好的结果为导向的工作理念，只是得过且过，最终是不可能获得老板的认同和肯定的。更重要的是，企业领导要让员工认识到，看似他们在为老板工作，其实是在为自己工作。只有员工自己努力工作，创造了价值，才能给自己带来美好的职业前景和舒适的生活。

小张，小李，小王是三个好朋友，他们大学同在一个班级，由于三个人关系好，而且成绩优秀，毕业之后被他们的班主任推荐到朋友的公司工作，而且岗位、职责也一样。刚开始每个人的工资都是一样的，可是半年之后，大家的工资就拉开了距离。小张每个月可以拿到6000元，小李每月4000元，小王只能拿到2000元。于是，小李和小王，尤其是小王多次向班主任抱怨自己工资低，希望班主任能够私下与老板沟通一下，给自己涨涨工资。

于是，班主任来到了自己朋友的公司，询问了自己推荐的学生工作的情况，为了不让班主任有所想法，企业老板并没有说三人的缺点，只是在班主任面前夸三个孩子都不错。班主任突然问："既然不错，怎么他们的工资差别那么大啊？"班主任半开玩笑地提问，让老板突然不知道怎么应答，便说："在学校他们学习的都是书本知识，在公司主要看的是个人的执行力，要良好的工作结果和业绩。谁的业绩好，谁的工资自然就高。"班主任有些疑惑地看着自己的朋友，朋友又说："这样吧！我让他们三个去干同一件事情，你看看最终的结果就知道答案了！"

于是，老板让自己的助理将小张，小李，小王叫到了办公室，对他们说："你们三个人现在去一趟码头，将船上毛皮的数量、价格和品质调查一下，尽快回来告诉我！"

一小时之后三个人都回来了。老板说："你们逐个来汇报吧！"

小王觉得班主任来为自己说情了，自己涨工资有希望了，显得很兴奋，自告奋勇先说："那个码头有我的一个好朋友，我给她打了个电话，她说每天将统计出来的结果告诉我，为了感谢她，我晚上要早离开一会儿，打算请她吃个饭，以示感谢！"

小王说完之后，小李迫不及待将自己统计的相关数量、价格等一一汇报给老板。

最后小张汇报自己的统计结果，他不仅调查了皮毛的数量、价格、品质，并且将船上最有价值的货品也详细记录下来，而且还索要了这些货主的电话，方便日后有合作的时候直接与他们进行联系。由于公司经常需要船只运输货物，他借此机会还留了几家运输船只的公司联系方式，也收集到了他们的船只、吨位及运输的路线等信息，如果公司有需要就可以运用这些资源。

　　班主任听完三人的回答恍然大悟。

　　老板吩咐的任务只是任务的表象或者是任务的冰山一角，作为一个员工完成了表象的任务，只能算得到了一个及格的分数。员工要想将工作做到极致，让老板心服口服，那就应该不仅做到老板吩咐的事情，还应该做到老板没有吩咐的事情。如果做到了，结果自然是理想的。

　　企业领导要想员工将工作执行到位，为企业创造最有效的价值，就需要让自己的员工以工作所要达到的良好效果为导向。同时，领导应该让自己的员工知道，企业在乎的并非是你付出了什么，而是你取得了多大的成果。员工给企业最大的回报就是自己为企业创造最大的价值。因此，追求结果是一个员工必备的职业素质，也是执行力的核心之所在。

4.领导要学会展现自己的魅力

一个企业发展的速度快不快，与员工和企业领导的执行力强弱均有很大关系。俗话说火车跑得快，全靠车头带。企业的领导作为企业的火车头，他们的执行力强弱严重影响到员工的执行效果。

我们经常将执行力挂在嘴边，其实真正的执行力就是落实政策、规章制度及要求的能力。只有企业员工与领导都能够具备这种能力，才能为企业创造更大的价值。

那么，作为企业的领导，应该具备哪些力量，才能提高自己的执行力呢？

· 领导对公司政策要有极强的领悟力。只有对执行的目标、方针政策有正确的理解，深刻的领悟，那么在执行的过程中才会脚踏实地地努力执行。

· 领导要具有团队建设的能力。一个强大的团队才能所向披靡。那么作为企业的领导者,就应该着手打造强大的团队,只有这样企业才能拥有强大的执行力。而且领导一定要强化自己的团队格局意识,加强团队思想建设,增强团队成员之间的信任,形成强大的凝聚力,这样才能形成和谐且执行力超强的团队。

· 领导必须提高自己的协调和沟通能力。很多时候员工的执行力差,工作效率差,并非是员工单方面的错误,也与领导的协调和沟通力有很大的关系。员工在工作中遇到困难,自己无法解决的时候,就需要领导出面解决。如果领导的协调能力差或者不出面解决,只能让这个困难成为员工前进道路上的拦路虎。另外,有些领导在分配任务的时候,喜欢站在自己的角度考虑问题,认为这么简单的问题员工肯定能够领悟,可是员工恰恰不能够理解,于是,员工按照自己的想法执行,最终出来的结果与领导所期望的相差很大。因此,领导必须提高自己的协调和沟通能力。

· 领导应该提高自己的过程控制力。过程控制力是一种约束力、监督力和惩治力。领导在执行的过程中,他们的控制力直接关系到决策是否改变、工作落实是否到位。领导在提高自己的控制力的时候,应该对每项工作的核心有所了解,并且拥有对全局把控的能力，解决大家迫切需要解决的问题。

拥有了这些力量，领导很容易就提高了自己的执行力。只有领导拥有强大的执行力，才能够让团队工作落到实处，只有工作落到实处，才能充分体现自己的领导力。企业的领导是企业的灵魂人物。领导是否能够提高自己的执行力，对员工有很大的影响。

巴奈特是一家公司的执行董事长，在这家企业奋斗了近30年，本来想在自己快退休的最后两年能够干出点业绩，然后风风光光地退休。可是他的这一理想似乎要落空。他发现自己抓绩效抓得越紧，员工的业绩不升反而降得越低了。经过他的分析发现，主要原因是自己即将退休，很多中层和底层员工认为他不那么重要了。因此，大家对他只是阳奉阴违。这虽然对他来说有些受打击，但是他依然想在退休之前能够干出点业绩来。于是，他先制订了全公司和每个部门的一年业绩提高计划，然后还给自己个人制订了计划。

到了年底，巴奈特全公司的业绩量只完成了75%，每个部门的业绩也没有完成，他自己的业绩量也没有完成多少。于是，巴奈特决定用三天的时间找到大家低效率的原因，在接下来的几天，公司不断地开会讨论，依然难以找到答案，令巴奈特很恼火。

这天，开会的时间又到了，当巴奈特走进会议室的时候，很多员工还没有到位，便临时公布了一个决定："以后谁要是开会迟到，哪怕是迟到一分钟就罚款200元，如果是领导层迟到就罚款500元。"可是不巧的是，第二天巴奈特因为会见一个客人，走进会议室的时候已经迟到了半小时。大家都盯着巴奈特，看他怎么办。可是巴奈特心想：我是有事，又不是故意迟到的。巴奈特什么话也没有说，直接开始他的会议。第三天的时候，当巴奈特走进会议室的时候，依然发现有很多员工没有到位，便对大家说："按照我前天说的执行，员工迟到罚款200元，领导层罚款500元！"并且让一个员工去门口站着统计迟到的人的姓名和部门。让巴奈特没有想到的是，其中有一个员工站起来说："你自己都没有完成业绩量，凭什么整天让我坐在这里陪着你受罪啊？"会议室其他的员工顿时窃窃私语，等着看热闹。巴奈特冲着这个员工吼道："你说什么？"这个员工不慌不忙地说："昨天你都迟到了，你交罚款了吗？凭什么只罚我们的钱，我们的钱不是钱啊？你作为领导迟到了，是不是得自罚1000元啊！"巴奈特气得整个身体都在颤抖，宣布会议结束，便匆匆离开了会议室。几天后巴奈特就向公司提出了提前退休的申请，并得到了批准。

新的执行董事长艾伦到任后，在第一次全员大会上，他就宣布了一件事情，他说："虽然有人说新官上任三把火，但我这里没有三把火，我觉得上届董事长很多做法还是值得保留的。比如，咱们开会迟到的罚款制度，我照样执行，普通员工迟到罚款200元，中层迟到罚款500元，高层员工迟到罚款1000元！"员工听到这件事情之后，都等着看这位新执行董事的笑话，认为艾伦的做法只不过就像巴奈特那样说说罢了。

在公司召开第二次会议的时候，很多员工早早进入了会议室。一是因为对新的执行董事长不了解，担心真的迟到会被罚款。二是因为提早到场，可以等着看董事长的笑话，大家心里都在祈祷他会迟到。艾伦看了看手表，已经超过了开会时间15分钟，他才起身走向会议室。当他推开会议室的门的时候，大家鸦雀无声，眼睛齐刷刷盯着他。只见艾伦站在台中央，先是向大家鞠躬，说："对不起，我迟到了，我愿意接受处罚！"说着从兜里掏出1000元，作为惩罚金。此刻，员工们并没有喧哗，但心里都在想：看来这个董事长是说到做到的。在这次会议上，艾伦依然为自己制定了业绩量，并且希望大家监督自己完成。果真，艾伦完成了。之后，大家的业绩也逐渐提高了。

可见，领导行为、作风和执行力对一个企业的引领作用是不可忽视的。特别是在执行任务、落实工作中，一个优秀的领导总是能够说到做到，工作起来也是有超强的执行力，能够将工作落到实处。当他做出这样的表率作用之后，就会使员工信服，树立一定的威严。其他的员工也会受到领导的积极影响，不断提高自己的工作积极性，提高自己的执行力和工作效率，最终提高团队整体的执行力，为企业创造更多的业绩，让企业在竞争中快速发展。

创新是一个企业生存和发展的灵魂，每个企业都离不开创新。拥有创新思维的企业，可以随着时代的发展，不断做出改变适应时代的变化，能够生产出与时俱进、受顾客持续欢迎的产品，能够在竞争中脱颖而出，这就需要领导培养员工的创新思维，让员工更好地执行任务，创造出适合时宜的产品。

1.激发员工的创新思维，寻找有效的工作方法

每个人都有强烈的好奇欲望，当一个新事物出现的时候，人们对它充满了未知，想了解它的欲望就会很强烈。一个新开发的景区，会吸引更多的游客前去旅游；一个新设计出来的服饰，会吸引很多人购买它，因为大家想让自己走在时尚的前沿；一款新的美食，会吸引更多的吃货前去尝鲜……正是这样的道理，有很多会做生意的人隔三岔五，要不改变店装修的风格，要不重新布置货架结构，要不制作新的产品海报……

总之，他们只想给自己的客户群体带来耳目一新的感觉，进而提高自己的利润。这就需要他们有创新思维，如果没有创新思维，

再怎么折腾还是不能引起他人的好奇心及探究的欲望。一个人或者一个企业如果不懂得创新，只是墨守成规，很快会被人遗忘。因此，一个企业要想员工提高执行力，企业领导首先要培养员工的创新思维。具有创新思维的团队，可以让企业永远保持新鲜感，激发客户的好奇心，更容易购买企业的产品。

那么，领导怎么才能激发员工的创新思维呢？

· 努力让员工变得善于观察和联想。领导一定要让员工明白，创新不一定非得是从大事情入手，在小事情上运用创新思维更容易打动人。员工只有仔细观察，才能在细微之处发现可以创新的点。此外，员工还需要具备丰富的联想能力，通过联想让自己的创新思维与具体需要创新的事物联系起来，这样才可以提高自己的执行力，真正做到创新。

· 教会员工换个角度思考问题。创新并非一条道走到黑或者撞到南墙再回头，有时候只需要换个角度思考问题，就可以拥有创新思维。

· 鼓励员工打破常规习惯。很多员工不愿意创新是因为多年已经形成了某一种习惯，躲在这种习惯中会有一种安全感，而创新则要打破这种习惯，打破意味着会暴露自己的弱点，让自己失去安全感。如果员工没有打破这种常规习惯的勇气，就不能真正创新。

如果没有创新思维就很难提高执行力，很多时候员工遇到一些难以解决的困难，不是他们不想很快解决，只因为找不到合适的方法就会不断地拖延，不去解决，使得执行力下降。如果企业领导能够激发员工创新思维，那么员工也就能很快找到解决困难的途径，尽快解决问题；完成任务，这样他们的执行力就自然而然地提高了。

有一家公司，业务发展十分迅速，业务人员也在不断增多，原来的办公室已经难以容纳所有员工，于是公司不得不搬到更加宽敞的办公区。经过精挑细选，公司最终选择了一座摩天大厦的高层。但是刚搬进去没有多少天，大家遇到了一个新的问题，那就是这座摩天大楼在建造的时候，由于对整幢楼的入住人员估算太少，因此安装的电梯很少，导致上下班的员工要不难以挤进电梯，要不就是迟迟等不到电梯。这个公司的员工为此怨声载道。公司的领导知道，在这个摩天大楼再安装几个电梯是不可能的事情，因为成本太高了。于是，领导便将全体员工召集在一起进行讨论，希望大家出谋划策，以最低的成本解决电梯不足的问题。

经过一番唇枪舌剑之后，一共产生四种方案。第一种是提

160

高电梯上下的速度或者电梯只在人多的楼层停；第二种是部门人员上下班时间错开，减少电梯的同时使用率；第三种是在电梯内及所有楼层电梯门口安装一面镜子；第四种是建议物业安装更多的新电梯。

经过深思熟虑，公司领导最后选择了第三种方案。由于这个方案很简单，成本低，而且实施起来也很方便，很快落实了，从此再也没有听到员工抱怨了。

我们通过案例可知，第一、第二、第四种方法都是人们一想就可以想到的解决思路。第一种方案看起来很简单，但是真正执行起来，难度也不小。由于上下电梯的人多，电梯的速度与承载量有很大关系，速度过快可能引发意外事故。第二种方案也是同样的情况，看似简单，执行起来有难度。因为处于上下班高峰期，大家都想早点挤上电梯，没有人会考虑具体是哪个楼层的人多，哪个楼层的人少。第四种方案执行起来难度更大，公司和物业都不可能花过多的成本安装新电梯，这就意味着第四种方案是无效的。而第三种方式是创新的方式，而且成本也不高，完全可以解决电梯不足的问题。在电梯门口安装了镜子，大家就不会因为着急等待电梯手舞足蹈，进而引起更多的人焦虑。大家只能规规矩矩等待电梯，不仅可以进行自我欣赏，还可以通过镜子欣赏别人，这样漫长的等待时间就变得短暂了。

可见，只要我们换个角度就可以找到解决问题的办法，这就是创新思维。

无论是个人还是团队，都应该具有创新思维。没有创新思维就没有执行力，就没有市场。我们平时应该多学习、多观察、多实践、多思考、多联想，这样就很容易使我们形成自己的创新思维。等到遇到一些事情的时候，我们就能迅速捕捉到值得创新的点，从而找到解决问题的独特的办法，这不仅会显得我们与众不同，更会让我们的人格魅力倍增，变得越来越自信，越来越高效。

2.巧妙利用逆向思维，解决问题

任何事物都有两面性，当我们要全面了解一件事情的时候，就需要对其两面性都进行了解。如果只看到事物的其中一面就很难全面了解它，不能做出最正确的判断。尤其是当我们面对困难的时候，如果我们只看到一方面，只从一个角度思考，那么，就很难找到最合适的解决方法。当我们从一方面找不到突破口的时候，不妨从另外一方面考虑，换个角度去思考，反其道而行之，也许很快能够找到解决问题的办法。这就是我们经常说的逆向思维，也就是与人们正常思维相反的一种思维方式。

只要巧妙利用好逆向思维，我们照样可以解决很多无从下手的问题。而且采用逆向思维，会使得我们解决问题的思路更多样化，同样对我们提高执行力和工作效率有很大帮助。

那么，企业领导应该采取什么样的方法来培养员工的逆向思维，进而提高团队执行力呢？

· 让员工具备正常的思维逻辑。在鼓励员工用逆向思维解决问题之前，首先得让员工具备正常的思维逻辑，否则就很难找到逆向思维。比如，我们要去东方，那么我们最好先找到西方，要去南方，最好先找到北方。如果我们一个方向也分不清，就不会找到正确的方向。

· 鼓励员工突破传统思维的局限。很多员工在处理问题的时候，都喜欢凭着自己的经验去解决，而这些经验有一定的局限性，限制了员工的思维。不同的问题自然需要不同的解决方法，如果千篇一律套用老经验，很容易钻入死胡同。此时，企业领导就要鼓励员工突破传统思维的束缚，根据具体问题进行具体分析，重新寻找解决问题的策略，这样再大的困难都不是困难了。

· 提高员工对逆向思维的敏感度。俗语道：刀越磨越明，人越学越灵。培养逆向思维也是这样，只有员工不断使用逆向思维去解决问题，他们才会提高自己对逆向思维的敏感度。再遇到新问题的时候，员工就会立刻想到用逆向思维去解决。

利用逆向思维解决我们日常生活中遇到的难以解决的问题，会使原本困难的事情变得很轻松，而且能够为我们节省更多的时间和精力。经常利用逆向思维的人，会拥有另辟蹊径的本领，能够在别人还没有主意的时候，快速找到方法解决问题。逆向思维可以让原本只有一种选择的事情有了更多的选择，我们的思维也会变得更加宽阔，自然会让我们的生活变得越来越有趣。

由于逆向思维走的路线正好与传统思维的路线"背道而驰"，这样在很多传统的人面前显得很另类，往往能够给人一鸣惊人的感觉。

艾科卡刚刚被任命为福特汽车公司的副总经理的时候，面临着一个新的问题，那就是如何拯救销量下降的小汽车。传统的方法就是招聘更多能说会道的销售人员或者将小汽车降价。但艾科卡觉得自己刚上任，这两种办法都不能采取。于是，他从客户角度出发，打算大胆设计并推出一款客户喜欢的新型小汽车。因为是否购买由客户说了算，只要搞定了客户，销量自然会上升。最终，艾科卡决定推出一款功能与其他车一样，但外形设计独特的小汽车，当然这种车只是用来试驾的。只有吸引到客户进行试驾，才能再想办法成交。

艾科卡将生产出来的少量试驾车投放到汽车交易市场，

规定这种车只试驾不进行买卖。小汽车与众不同的设计造型很快吸引了很多潜在客户进行试驾，也吸引了一批汽车经销商的青睐，纷纷进行试驾。虽然只是设计的造型与其他车不同，但是试驾之后，很多人对这些试驾车的功能都有极高的评价。有客户直接询问购买，艾科卡此刻告诉他们，自己公司的其他车与这辆试驾车的功能一样，如果大家愿意的话可以直接购买其他车；如果不愿意，现在可以预定与试驾车同款的车，但半年之后才能生产出来，车辆入库之后才能交付。艾科卡的这种做法不仅使其他小汽车的销量暴增，同时也收到了不少的预订款项。

半年之后，与试驾车同款的小汽车生产出来了，顺利交到了客户的手中，因其奇特的造型，让每一个开这辆车的人显得与众不同，魅力似乎也倍增了，使得小汽车的销量再次暴增，创造了一个又一个奇迹。艾科卡也因为自己很强的能力，最终被福特公司任命为集团的副总裁。

在销量下滑的时候，艾科卡没有采取普通人经常想的策略，招人或者降价，而且他认为这两种策略对当前汽车销量的提升弊大于利。招聘能力强的销售人员，意味着得花更多的成本，只会增加公司的开销。降价只会减少自己为企业创造的利润，甚至还可能引起客户对汽车质量的怀疑，如果处理不当还可能引起连锁反应，为企业造成更大的损失。艾科卡最终采用的是逆向思维，从客户的需求角度出发，"投其所好"，让客户上钩，不仅提高了原来已经制造好的汽车的销量，也让还没有生产出来的新汽车收到了定金，这在汽车销售史上绝对是罕见的，正是这种逆向思维，最终让艾科卡大获全胜。

在现实生活中，很多人在解决问题的时候都喜欢用正向思维，这是正常人的第一思维。如果能够从结论往回推，倒过来思考，从求解回到已知条件反过去想或许会使问题简单化，解决它变得轻而易举，甚至因此而有所发现，创造出奇迹，这就是逆向思维和它的魅力。因此，我们不妨在思考问题的时候多用一下自己的逆向思维哦！

3.思想与智慧完美结合

我们在做一件事情的时候，不能只有创新思维，也不能只有执行力，应该将创新思维、智慧与执行力紧密地结合在一起，才能达到最佳的效果。这就像一个人的两只脚，只有两只脚一前一后互相配合，才能走得更加长远。如果只有一只脚，那只能向前跳，前进的速度肯定没有两只脚配合前进的速度快。

在工作中，员工会遇到很多问题，有的问题不能解决，有的问题虽然解决了，但是效果不是很理想。其实，这与员工的思维方式和执行力有很大关系。员工的思维方式不同，看待问题的角度和方式就不同。因为思维方式的不同，员工采取的行动方案自然是不同的，在人生的道路上所收获的成就也是不同的。

那么，领导怎么样才能让员工的思想与执行力和谐相处呢？

· 让员工认识到思维与执行力产生冲突的可能性。员工在工作的过程中，有可能想法很好，但是最终却没有做好。这不是员工没有思考好，更不是他们在过程中没有执行好。其实，做成一件事情不仅需要良好的思维和彻底的执行力，还会受到其他因素的影响。比如，不可抗拒的天灾人祸等。因此，当员工在工作中两者出现冲突的时候，领导应该以正确的心态来引导员工，让员工冷静下来，进行分析总结，再寻找新的思维方式和执行手段，争取以最快的速度解决问题。

· 让员工认识到自己的思维与他人合作的重要性。如果员工自己认识不到这两者合作的重要性，就不可能做到包容他人，当有一方出现问题都会受到另外一方的谴责"我的思路没有问题，是你的执行有问题""我执行没有问题，是你的思路有问题"。只有认识到合作的重要性，彼此才能不断包容，冷静地对工作进行总结，最终通力合作，走向成功。

只有员工带着好的思想和智慧的执行力，才能在任何事情上都成功。人们常说大脑是人体的司令部，指挥着我们的言行举止，一旦司令部出现问题，我们的言行举止都会变得怪异。反过来说，如果我们员工的执行力很强，动手能力很强，同样也会使自己的思维更加敏捷。

尤其当我们遇到一些困难的时候，更能够体会思维与执行力配合的重要性。创新的思维加上强大的执行力可以化解一切困难。

山姆大叔在繁华的街道上经营着一家大型水果超市，每次他将当天没有卖完或者刚刚进来还没有来得及销售的水果都储藏在一个冷冻仓库中，防止水果水分流失变得不再新鲜影响到销售。

这天凌晨两点，不知道什么原因，他储藏水果的冷冻仓库着火了，他着急了，一边呼吁邻居帮助他灭火，一边给消防队打电话。经过一小时的努力，大家最终将火扑灭了。山姆大叔有些伤心，其他的水果都烧没了，只有存放在库房角落的20箱香蕉还在，但是也被大火烤了，香蕉皮上沾满了小黑点。山姆大叔将这些香蕉放在门口，打算第二天天亮再处理。

这一夜山姆大叔没有睡着，一直在想自己的损失。第二天他来到堆香蕉的地方，看着被烤坏的香蕉更加伤心，觉得扔掉太可惜了，如果还能够吃就好了。他随手捡起一根香蕉，剥开之后发现虽然被火烤了，但是味道并没有变，而且有一种独特的香味。他立刻有了一个新的决定，将这些香蕉立刻卖掉。

于是，山姆大叔将这20箱子香蕉搬上车，运到一个农贸市场，吆喝起来："最新进口的阿根廷新品种香蕉，南美风味，全城独此一家，大家快来买啊！"虽然很快就有很多人过来围观，但当大家看见香蕉的模样的时候，都议论纷纷，就是没有人购买。人群中有一位小姑娘似乎对这些香蕉十分感兴趣，山姆大叔便剥开一根香蕉递给她："姑娘，你尝一尝，我保证你从来没有尝过如此美味的香蕉。"年轻的姑娘一尝，大家都想知道姑娘品尝后的感受，她品尝之后连连点头。山姆大叔这时又说了一句："只有这几箱了，卖完就回家！"众人纷纷掏钱购买，一会儿工夫香蕉就卖完了。

可见，创新思维、智慧与执行力相结合，不仅可以创造无限的可能性，还可以激发出一个全新的创意，帮助人们反败为胜。所以，在日常生活中，无论什么困难都不要失望，我们需要做的就是调整心态，充分发挥自己的创新思维，再加上自己很强的执行力，在困难面前也会无所畏惧，为自己带来广阔的一片天地，领略到平常日子里无法看到的美好风景。

在工作中，每个员工都想取得好的成绩，受到老板的重视，希望能够升职加薪，这并非是梦想，只要员工多动脑，勤思考，不死板地工作，而是像山姆大叔一样，运用自己的智慧工作。

4.固化思维的危害

我们经常将那些在处理问题时不动脑子的人或者死板不懂得变通的人称之为"榆木脑袋"，也就是我们经常说的思维固化。如果一个员工的思维是固化的，他就爱钻牛角尖，不仅处理不好工作中的事情，也不会有好的人脉关系，更不可能有广阔的前途。如果企业的思维是固化的，那么这个企业就不可能有大的发展。

一个企业要想快速发展，无论是企业的员工还是领导都必须要有打破固化思维的勇气。企业要发展必须要具备创新能力。创新能力并非是依靠某一个人就可以成功的，往往需要一个团队。这就需要领导引导公司每个员工改变自己传统的思维模式，让在每个岗位上的员工都可以发现创新的价值，并具有创新思维。有时候员工并没有认识到自己的思维是固化的，这就需要领导带领员工改变固化思维，鼓励他们在自己的岗位上突破自己，利用创新思维，不断提高执行力。

那么，领导要怎么做才能让员工突破固化思维呢？

· 让员工对固有思维有明确的认识。很多员工的思维都比较固化，可是无论别人怎么帮助他改变，他依旧我行我素，按照自己的思维逻辑做事情。即使有了惨痛的教训，依然不知道悔改。这种员工致命的不是固化思维，而是对固化思维的认识不到位。如果这些员工能够认识到固化思维对自己发展的不利因素，他就会做出改变，因此，作为领导，要让员工对固有思维有明确的认识。

· 不要员工给自己设限。人的潜能是无限的，只要受到恰当的启发，它就能成为自己源源不断的动力。可是往往有很多员工喜欢为自己设置"天花板"，本该再努力一把就可以成功，他们却选择了放弃，以为自己的能力已经发挥到极限了。其实不然，只要领导帮助他们从自我思想上抛弃"天花板"，他们的人生就不会有"天花板"。

· 鼓励员工不断尝试，逐步突破固化思维。突破固化思维是不可能一蹴而就的，需要不断尝试，逐步突破。有的员工有严重的固化思维，仅仅依靠他们想办法一次性突破是完全不可能的，这不仅需要领导对他们多次做思想工作，还需要进行情感感化等工作，才能让员工逐步突破自己的固化思维。

在日常的工作中，很多员工为了省事儿，喜欢按照旧套路去处理问题，有时候的确能够将问题轻松解决，但是又不得不说经验是一把双刃剑，它既能够帮助员工解决好问题，为员工的工作生活带来极大的方便和很多的财富，但也容易让员工陷入固有的思维中，沾沾自喜，难以自拔，使得曾经帮助自己成就自己的固有思维成为日后阻碍自己发展的阻力。很多员工随着工作经验的积累，固有思维越来越深入，最终将自己牢牢束缚住，不得动弹。在处理新的问题、新的困难时，往往被固有的思维中的条条框框限制住了，进而扼杀了自己的创新能力。

因此，一个企业想要有良好的发展前景，每个领导和员工就得时常进行反思。在总结经验的时候，千万不能让经验束缚住自己，要学会跳出固有思维审视自己，防止自己被固化思维套牢。再者说，面对不同的人、不同的环境、不同的问题处理的方式也是不同的，自己的固有思维中那点儿东西未必适合用在任何事上。作为企业的领导，不要逼迫员工必须接受公司多年形成的工作方法和经验，这很容易让员工形成固有思维；而是应该激发员工自己的发散思维，寻找多元化的工作思路，这样才有助于员工提高自己的执行力和工作效率。

有一位企业家提着一个大提包走进了一家银行。大堂经理赶紧跑过来迎接，说道："先生，您好！请问有什么需要我帮忙的吗？"

企业家说："我要借钱！"

大堂经理一听生意来了，赶紧问："您打算借多少钱啊？"

企业家说："一美元！"

经理以为自己听错了，又问了一遍："您只借一美元？"

企业家重申道："没有错，我就借一美元，可以吧？"

大堂经理依然笑脸相迎道："当然可以，不过看您如此有风度，只要有担保，完全可以借给您更多的钱。"

企业家说："这些担保可以吧？"说着从大提包中取出一堆金银珠宝放在柜台上，"这些价值50万美元的珠宝，足够担保了吧？"

大堂经理有些吃惊："当然，当然！不过，您只借一美元啊？"

企业家道："是的！"企业家接过一美元，准备离开银行。

站在一旁的银行行长有些不解，为什么只借一美元却要抵押价值50万美元的珠宝呢？他快步追上企业家问道："先生，您好！请留步！我有一事不明白，想向您请教。我想知道您有价值50万美元的珠宝，为什么却只借一美元呢？假如您想借40万美元的话，我们也会考虑的！"

企业家便对行长说："是这样的，我在来贵行之前，询问过好几家金库，他们保险箱的租金都是很昂贵的，而作为借贷抵押的成本却很便宜，一年才六美分。"

银行顿悟了，原来企业家不是来借钱的，而真正的目的是花最少的钱存放自己的珠宝而已。

企业家之所以为自己节省了很多的钱，与他的创新思维不能说没有关系，将珠宝存放金库成本太高，而在银行抵押财产同样能够把珠宝存放，而且所花的成本最低。于是，他选择了后者。花钱在金库中贮存珠宝是一般人的固有思维，但是土豪突破了固有思维，选择了与金库功能一样的银行，而且以角度变换的方式，帮自己省了更多的钱。

可见，当一个人被固有思维困住的时候，不仅不能挣得更多的钱，反而要浪费更多的金钱。在工作中也是如此，如果遵循固有思维，我们不仅办事效率低下，还得不到老板的青睐。一旦我们突破了固有思维，用创新思维去工作，不仅会得到良好的工作成果，还能够赢得身边的人青睐，何乐而不为呢？

第九章

建立和完善危机管理机制，未雨绸缪

在工作中，我们会遇到各种各样的突发情况。这些复杂的情况会给我们的执行造成很大的影响，对于企业来说，危机会使得整个企业的执行效率降低，直接影响企业的发展。对员工来说，危机会影响员工工作的信心，使员工之间产生各种矛盾，进而影响其执行效率。因此，企业建立和完善危机管理机制，增强全体员工危机意识是十分必要的。

1.超前的危机意识让团队有备无患

我们做任何事情都存在着潜在的风险和危机，只不过有时候它们来得快，有时来得慢，甚至有的时候突如其来，让我们措手不及，直接将我们击垮。要想再爬起来，就需要花费很长的时间，这无疑是在浪费我们的时间和精力，让我们在工作的过程中减慢了速度，导致执行力变弱。如果我们能够有强烈的危机意识，做到未雨绸缪，不断修炼自己，使自己变得强大，即使危机突然而至，我们也能够做到平静面对，不至于被击垮，让工作效率降低。

当一个员工有危机意识的时候，他就会不断地想办法提高自己各方面的能力，应对在某一天可能到来的危机。因为早有准备，即便是危机真的来了，他也能够轻松自如地应对，而不会因为花大量的时间和精力处理危机，耽误工作进度。如果一个企业没有危机感，每天高枕无忧，不知创新和进取，总有一天不是被竞争对手打败，就是自己将自己打败。

当然，保持危机感绝对不是鼓励员工将企业的未来想得多么阴暗，而是让员工根据自身的情况及企业发展的实际情况，对将来可能要面临的问题有适当的预测，并且为将来解决这些困难做一些适当的准备。因为有备无患，所以即使危机或者困难真的来了，有准备的话，大家处理起来比那些没有准备的人处理起来更轻松，效率更高。

那么，作为企业领导，应该怎么提高员工的危机意识呢？

· 让员工具有高格局和长远的目光。为什么很多员工没有危机意识，除了他们本身在这方面的能力欠缺之外，最根本的原因就是他们的格局不够高远，目光短浅，只看到了眼前，对未来没有一个清晰的规划和预期，自然不会有危机意识。这就需要领导采取行动，让自己的员工不断提升自我的格局，能够以长远的目光来看待自己的职业发展，只有这样才能明确未来的目标。

· 让员工拥有正确的评估能力。很多员工在危机面前一败涂地，并非是危机多么巨大，而是他们自己高估了自己的能力，轻视了危机，忽视了对自身能力的提升，最终导致失败。因此，领导要让员工拥有正确的评估能力，清楚地了解自己的实力，鼓励员工不断提升自我。

· 教会员工总结得失，继续前进。每一次的失败都不是徒劳的，领导应该教会员工从失败中总结得失，防止下一次遇到同样的问题。如果员工不懂得反思和总结，那么就不可能从失败中得到教训，还会再次失败。只有员工学会了从失败中不断进行总结，继续前行，才能成为最终的胜利者。

在竞争激烈的社会中，每个员工都应该有危机意识，这样才使自己不断努力，变得强大，才能在竞争中不被淘汰。作为企业的管理者，也应该具有危机意识，才会成为有责任和令员工信服的管理者。如果没有危机意识，大家就会滋生盲目乐观的情绪，不断放松对自己的要求，降低工作的执行力和工作效率。因此，我们每个人，无论是普通老百姓，还是职场员工、领导都应该培养自己的危机意识，有了危机意识我们才能更加努力工作，提高执行力。

安迪是我多年的朋友，由于他有一个好父亲，所以他大学毕业之后，我们还在四处寻找工作的时候，他很快就到他父亲的企业去工作了。安迪的父亲希望通过磨炼，儿子可以继承自己的事业。而安迪所谓的上班就是，每天到父亲的公司晃悠一圈，就约一帮朋友出去唱歌蹦迪了，甚至一连几个月都不去公司。他父亲很着急，可是每次劝儿子要好好上班时，得到的回复都是："反正你挣那么多钱，我这辈子都未必能花完，我为什么非得那么辛苦地去上班呢？"儿子大了不由爹。安迪的父亲经常拿儿子没有办法，唯有叹息。

几年之后，安迪父亲的公司由于几次重大投资的失败，大伤元气，这让安迪父亲身心俱疲，他打算提前退休让儿子接手管理自己的公司，再说虽然儿子不务正业，但脑袋还是聪明的，也许在他的管理之下，公司还会有点起色。再说毕竟这个企业最终还是要交给儿子管理，早交给他早点一身轻松。

安迪本身对父亲小心翼翼经营企业的行为就不满意，自己掌管权力之后，准备大展身手。安迪从公司抽出很大的一部分资金用于投资一个很大的项目，很快这件事情让他父亲知道了，他觉得儿子投资的项目不靠谱，完全可能落入骗子的圈套，便出来阻挠，说道："你得好好经营你自己的公司，如果你经营不好会倒闭，我半辈子的心血就白费啦！"可是安迪狠狠怼父亲："这个公司谁是老板，你都退休了还指手画脚什么？"他的这句话将父亲气得生了病，住进了医院。

事实证明，姜还是老的辣。一年之后，安迪花重金投资的项目失败了，血本无归。再加上这一年，他的投资和开发的新项目，没有一个是成功的，此刻的公司已经奄奄一息。

又过了半年，安迪不得不关闭父亲亲手创立的公司。

多年之后，我与安迪见面了，他混得很惨淡，父亲留给他的家产也被他败得所剩无几了。他想让我帮他物色一个不错的岗位，他想上班。刚好我一个朋友的公司在招人，我便将安迪推荐了过去。毕竟安迪曾经是当过老板的，于是，我朋友让他当部门的主任。安迪曾经养成的坏毛病并没有改掉。后来，我朋友公司打算从公司内部竞选出一位副总经理，安迪对于部门主任的职位早就不满意了，希望能够当上副总经理。但与安迪竞争的是一位叫班森的员工，班森虽然入职没有安迪早，但业绩比安迪好，安迪唯一的优势就是自己曾经经营过企业，在管理方面多少有点儿经验，这是其他竞争者不具备的。安迪经过分析之后，觉得副总经理非自己莫属。而班森并没有因为公司的传闻放弃工作，依然很努力地工作着。

结果班森当选副总经理，这让安迪很不服气，但又没有办法。毕竟安迪是我推荐的，我的朋友便找到我，告诉我安迪没有竞选上的原因："这个人太高傲，不知进取，从来没有危机意识，一直觉得自己是最厉害的，如果将这个职位交给他，我担心他将我的公司整垮了！"

生于忧患死于安乐。安迪在经营自己企业的时候，为所欲为，丝毫没有危机意识，最终将自己的企业搞垮了。当他去别的公司上班的时候，依旧不思进取，没有危机意识，消耗自己的老资格，这样的人谁会愿意将企业交给他来管理呢？

所以，我们经常说危机意识是一个人不断前进的潜在动力，只有不断激发自己的危机意识，并且巧妙利用，我们就能成功。

2.领导经常要做的事，是化解员工之间的矛盾

每个人都不是孤立存在的，每个人每天都需要与各种不同的人打交道，又因为每个人看待问题的角度不同，即使对同一问题，大家也有不同的看法，这样人与人之间就很容易形成矛盾。

俗话说多个朋友多条路，多个敌人多堵墙。如果我们能够通过沟通，顺利解决和别人之间的矛盾，那么皆大欢喜。如果矛盾不可调和，甚至会将矛盾升级，即使很好的朋友也可能成为永远的敌人。

如果企业的员工与其他同事之间不断处于冲突状态中，不仅会影响他们心情，更影响团队整体执行力的提高，自然不可能有高效

的工作。试想，如果我们身边每天都有人闹矛盾，那大家还有心情工作吗？

既然矛盾是不可避免的，那么，企业领导就要学会帮助员工化解矛盾，这样就不会影响团队整体的执行力和工作效率了。

· 转移视线，搁置矛盾。每次员工之间吵架或者发生矛盾都是有根源的。很多员工发生矛盾之后，之所以不可调和，甚至让矛盾升级，主要的原因就是彼此依然将自己置身于矛盾之中。如果企业领导能够巧妙地引导，让矛盾双方的注意力从矛盾中转移，暂时搁置矛盾，然后再进行调和，这样问题就很容易解决了。

· 分析利弊，调和矛盾。很多员工在发生冲突的时候都急眼了，什么伤人的话都敢说，更不可能注意自己的形象。即使某一方获胜了，也是彼此的失败，因为他们给身边的人都留下了不好的印象。那么，一旦发生冲突，领导不妨引导他们，让他们想一想这样下去真的对自己好吗？获胜了又能怎么样呢？其实，发生的也许是很小很小的矛盾，根本不值得吵架。如果领导能够帮助员工清楚地认识到吵架对自己的弊端，他们自然就会停止争吵了。

· 学会引导，化解矛盾。在员工之间发生冲突的时候，需要领导进行调和，如果领导懂得调和的技巧，矛盾就会很快解决；如果不懂，只会火上浇油。领导在调节矛盾的过程中要学会引导，让彼此向好的方面想。此外，领导也可以通过引导，让他们彼此把藏在内心深处的矛盾当面摊开说明白，这样也有助于矛盾的化解。

企业领导应该看到矛盾的两面性。如果将矛盾处理得当，矛盾冲突就会演变成他们之间关系发展的机遇。一个优秀的企业领导，从来不惧怕员工之间出现冲突，因为冲突往往是企业领导发现问题或者驱动改革的契机。只有领导恰如其分地处理员工之间的冲突，才能给整个团队带来更多革新的力量，改善团队内部的关系。

毕维斯是一家企业的总经理，第二天一早打算去外地出差，并与客户签订一个重大合同。为了赶上最早的飞机，毕维斯打算早晨不再去公司，直接从家里去机场。当毕维斯下班回到家里的时候，才发现自己的合同落在公司了，他不得不返回公司去拿合同。当他到公司的时候，却发现自己忘带公司的钥匙了。幸好他的助理就住在公司的附近，于是毕维斯给自己的助理打电话。结果电话无法接通，他又给助理发微信、QQ和邮箱留言，希望她带着公司的钥匙尽快到公司来一趟。可是，一小时过去了，毕维斯依然没有联系到助理，只好回家拿钥匙，再去公司拿合同。当毕维斯再次返回家的时候，已经是晚上12点了。

毕维斯越想越生气，他觉得作为自己的助理应该随叫随到，而不是重要时刻联系不到她。他决定给助理发一份邮件好好批评她，经过十多分钟的打字，毕维斯将一份措辞严厉的问责信发给了助理，并且警告助理下不为例，如果再发生这样的事情，让她辞职走人。为了防止其他人出现这种情况，毕维斯还将这份邮件转发给公司的几位高层领导。

当助理和朋友分手，回到家之后，看到老板的邮件顿时火冒三丈，她觉得下班之后的时间，是属于自己的，不是用来工作的，老板凭什么对自己指手画脚。助理年轻气盛，毫不示弱，洋洋洒洒写了几千字回复老板，而且语气更加强硬。不仅批评老板压榨自己，是吸血鬼，而且将老板的一些隐私都揭露出来。最后来了一句：老娘不干了，你爱咋咋地！助理报复性地将这份邮件不仅发给公司的所有同事，还将这份邮件转发给一些重要的客户。

助理的这种做法不仅让全公司沸腾起来，还让毕维斯在客户面前抬不起头来，给公司造成了不可挽回的损失。

毕维斯由于一时的冲动制造了和助理之间的矛盾。因为毕竟是下班时间，这段时间是属于助理本人的，可是毕维斯认为既然是自己的助理，就应该随叫随到，而不是联系不上。最终因为助理耽误了自己的时间而感到愤怒，并且将这件事情闹得公司的高层都知道了。助理后来的回复将矛盾推向一个高潮，她不仅谴责了老板，还揭露了老板的痛处，不仅让全公司的人知道，还让客户知道了，这是很不明智的做法。

如果最初老板能够冷静一下，尤其是后来合同拿到了，就没有必要还对助理进行批评。如果真想批评她可以见面之后再进行沟通，没必要隔空吵架，这样只会让矛盾升级。作为助理如果聪明的话，也不应该发那样的回信，应该理解老板的心情，等老板冷静之后再去面对面沟通这件事情。如果彼此都能够这样处理矛盾的话，就不会发生后面的事情了。

我们与人发生矛盾冲突的原因有很多，但是我们不能感情用事。当矛盾发生之后，我们首先让自己冷静下来，然后寻找和对方见面的机会，然后当面锣对面鼓地进行沟通，这样很容易将很大的矛盾化解掉。

3.让员工具备置之死地而后生的勇气

我们经常听到很多人说，一个人不成功，是因为对自己不够狠。现实生活中，有很多人因为曾经获得了一丁点儿成就，就失去了斗志，只沉浸在自己曾经的成就中。随着时间的推移，自己的这点成就早已被自己蚕食得千疮百孔，可是我们依然舍不得扔掉，继续捧在手中。弃之可惜，食之无味。因为不舍得丢弃，从头再来，手中成就的残渣，犹如绳子一般绑架了自己的双手，腾不出手干其他事情，于是，庸庸碌碌地过自己的一生。

成功人士大多都经历过非常多的痛苦与磨难，甚至有的人一辈子都在与失败为伍，到人生的最后一段时光才取得事业上的伟大成就。置之死地而后生，如果凡事怕辛苦就畏首畏尾，则永无出人头地之日。唯有勇于面对艰难的现实，方能使自己飞黄腾达。

那么，领导怎么才能让员工具备置之死地而后生的勇气呢？

· 教会员工不要给自己留下幻想的余地。很多员工之所以没有置之死地而后生的勇气，是因为他们总是抱着幻想，总觉得自己过去的那一点儿东西对自己大有用处，其实这些东西一点用都没有。所以领导要教会员工不要给自己留下幻想的余地，这样才能使他们有豁出去的胆识。

· 让员工相信重生让自己更加美好。领导要想让员工拥有更强的执行力，需要让他们相信置之死地而后生的自己更加完美，更加有能力。如果员工没有这种自信，那自然也没有彻底改变自己陋习的勇气，难以得到快速的发展。

人生有时候是这样的，留给自己的退路过多，就失去了全力以赴的决心和勇气。总是抱着好死不如赖活着的信念，得过且过。一旦人们将自己逼入绝境，让自己无路可退，才能激发勇气和信心，人们才能全力以赴，所向披靡，最终获得成功。

巴特尔曾经经营着一家拥有500多人的制鞋厂，后来，由于经营不善，再加上竞争激烈，他的生意越来越难做，他不得不逐年缩小自己的经营规模，如今只剩下不到80个工人了。

巴特尔也很着急，他想不到更好的办法拯救自己的制鞋厂。于是，他看到市场上什么鞋子好卖，就生产什么鞋子，结果丢弃了自己多年建立起来的品牌，最终那些跟风的鞋子也没有做好，使得鞋厂的生意越来越难做。

后来巴特尔的朋友给他介绍了一位朋友波顿，希望他们两人能够合作。波顿也是做鞋子的，虽然他做鞋子的时间不长，但是由于对市场有准确的把握，赚取了不少的钱，他准备要进一步扩大自己的生产规模。波顿很希望能够与巴特尔合作，因为巴特尔有丰富的经验。为此，波顿还亲自到巴特尔的制鞋厂进行考察。可是，当他看到那些懒洋洋的工人，还有陈旧的设备的时候，提出了自己的想法，波顿希望巴特尔关掉自己的厂子，带着员工到自己的厂子来与自己合作，而且给巴特尔20%的股份。但巴特尔拒绝了。波顿是个很干脆的人，他想让巴特尔谈谈自己对合作的想法。但巴特尔什么也没有说。其实，巴特尔觉得虽然自己目前经营遇到的困难很大，可是那毕竟是自己亲手建立起来的厂子，怎么能够说关门就关门呢？

后来，波顿又提出新的建议，他投钱让巴特尔统一换掉巴特尔厂子陈旧的设备，提高生产效率，然后按照波顿的要求制造新的鞋子。但巴特尔还是没有同意。他觉得自己生产很自由，一旦波顿投资就得听他的话，自己就不自由了。

渐渐地，巴特尔的经营规模不断在缩小，最后只剩下不到20人了，他知道这20人也可能随时离开自己，因为鞋子生产不出来，生产出来又卖不掉，员工的工资都付不起了。

此时，巴特尔想起波顿来，他亲自去找他。当他到波顿的制鞋厂的时候，大吃一惊。波顿的制鞋厂规模庞大，人员众多，着装统一，个个精神饱满。制造鞋子的设备都是全新的，不仅节省了工作成本，还提高了工作效率。制造出来的鞋子款式多样。就在巴特尔刚进入厂区的时候，就看到一辆辆卡车装得满满的，将鞋子运了出去。

当巴特尔好不容易开口向波顿提出合作的时候，波顿却说自己已经找到了新合作人，不过他说如果巴特尔想上班的话可以来这里，并且开高工资。巴特尔自然不愿意成为一个普通的工人，于是他拒绝了。他有些失望地回到自己的厂子。三个月之后，他关掉了自己的制鞋厂。

其实，我们个人都有改变自己命运的机会，可是我们要不就是放不下面子，要不就是舍不得自己曾经拥有、现在却一文不值的东西，最终，让自己不得不经历失败。

　　如果我们不逼迫自己一把，永远不知道自己有多厉害，关键是我们是否舍得自己逼迫自己呢？我们在做很多事的时候，不仅不逼迫自己，甚至处处给自己留下退路，让自己失去了置之死地而后生的勇气和决心，进而错过了改变自己命运的机会。

　　因此，企业领导需要让自己的员工有置之死地而后生的勇气，这样才能让他们改变自己，提高执行力。

4.巧妙地将挫折带来的压力转化成动力

每个人都会遇到各种各样的挫折和失败，有时候这些挫折和失败能将一个人打垮。但是也有一部分人巧妙地将挫折和失败造成的压力转化成为动力，让自己取得更大的成就。如果我们在前进的道路上，只是盯着失败之后的创伤，那只会使我们的伤痛更加剧烈。因此，任何时候我们都要有改变自己命运的决心。一个人在打拼的过程中，不可能不遇到挫折，如果事事顺心，那么人活着还有什么意义呢？正如网络上的一句话所说：人生就像心电图，如果一直一帆风顺就证明你挂了。

因为人生遇到的挫折和失败是不可避免的，那么我们要想成功，就要有勇气去面对一切，将挫折和失败带来的压力变成执行力，再用执行力获得成功的果实。

一个人如果在遭遇失败和挫折的时候，能够唤起自己更大的勇气，激发自己的潜能，那他是不会失败的。即使失败也是暂时的，因为这种人没有将挫折和失败看作是人生真正的失败，而是将挫折和失败转化成了成功的动力。

那么，领导应该怎么去将员工遭受挫折所带来的压力转化成动力呢？

· 帮助员工看到挫折积极的一方面。如果员工将挫折看作是对自己最大的打击，那么这种打击对他们的伤害会更大，甚至是致命的。如果员工将挫折看作是对自己不足的提示和考验，战胜挫折可以让自己得到很大的提升，那么挫折就是成功的动力。因此，企业领导要帮助员工看到挫折积极的一方面，那些挫折就会转化成为员工前进的动力，只要让他们把握住机会，就可以成功。

· 激发员工对成功的强烈欲望。很多员工不成功，并非是不具备成功的条件，而是没有足够的野心，对成功的渴望不够强烈。所以只有领导激发员工对成功的强烈欲望后，员工才会如饥似渴地期望成功，就会很快忘掉挫折和失败带给自己的伤害，努力向成功迈进。

无论是在职场还是日常生活中，很多人都不能够正确面对挫折和失败，从心理上产生了畏惧的情绪，经受不了失败的打击，这无疑是给周围的人传递一种信号：自己是懦弱的、无能的、胆小的。这样的话，在工作中，即使领导想将一些重要的事情交给这个人来做，也会担心以这个员工懦弱的性格是不可能将事情办得让他满意的。而另外一些人，遇到挫折之后，不屈服反而变得更加坚强，自然会成为领导喜欢的人。

　　世界著名的推销大师乔·吉拉德，出生在一个非常贫穷的农村家庭，为了养家糊口，在他年龄很小的时候，就不得不出去打工，贴补家用。他先后做过报童、擦鞋匠、厕所的清洁工、洗碗工、搬运工等50多种工作。在35岁之前，他不仅一无所有，还欠了很多外债。当他看到别人在家里享受丰盛的晚餐，而自己的妻子却对着一把蔬菜在为无米下锅而发愁的时候，他觉得自己太窝囊了，没有让自己喜欢的女人过上幸福的日子。他暗暗发誓：一定要改变他深恶痛绝的现状。于是，他开始了卖汽车的职业生涯。

　　推销不仅需要销售员具有勤快的特性，还需要具有能说会道的口才。可是吉拉德有严重的口吃，在熟人面前说话还有很多人听不懂，更别说在陌生人面前说话了。没有好的口才就意味着吉拉德不可能做好推销工作。可是，吉拉德从不认输，他决定要苦练自己的口才，争取早点把口吃的毛病改掉。别人都不看好他，甚至讽刺他是在白日做梦。要想得到别人的鼓励是不可能了，只能自己给自己信心和力量了。于是，每天吉拉德不断地告诉自己："只要我认为可以，我就一定可以成功！"他以强大的热情和专注度投入推销的工作中，他抓住一切锻炼口才的机会，推销自己的产品。吉拉德随身装满了名片，无论是在大街上，还是在商场，哪怕是上厕所，只要碰到人他都会恭恭敬敬递上自己的名片，他这样做的目的就是想找客户。如果有人想买车，也许有人会打名片上的电话号码进行咨询，那么这个人就有可能成为自己的客户。

后来，经过自己的不懈努力，吉拉德的销售业绩不断增长，平均每天卖掉六辆汽车，成为世界上著名的推销员。

一个人遭受挫折和失败不可怕，可怕的是在遭受挫折和失败之后萎靡不振。一个人要想成功就必须经得起挫折，并且有将挫折和失败带来的压力变成动力的决心和勇气。一个人只要不被挫折和失败打败，就一定可以成功。

吉拉德明知道自身有对销售十分可怕的口吃毛病，可是他并没有被口吃吓住，而是不断地锻炼自己的口才，彻底改掉了口吃的毛病，通过自己的努力成为优秀的推销员。

无论是职场上的员工，还是创业的企业家，当受到挫折和失败的打击时，我们不能被动地遭受打击，这样只能使我们一蹶不振。我们应该时刻鼓足勇气，迎接各种困难和挫折，将其带来的压力转变为动力。

人生往往需要战胜的不仅是来自外界的挫折和失败，还有来自内心的挫折和失败，只要我们对自己充满信心，将内外的力量结合在一起，将挫折和失败带来的压力转化成为动力，我们就已经成功了，至于成功的大小就另当别论了。

第十章

团队执行力是训练
出来的

　　每个人都是独立的个体，每个个体之间
也会存在很大的差异，不同员工本身的执行
力也是有差别的，所以，很多领导都会因为
不知道如何让员工提高执行力而感到苦恼。
其实，团队执行力是训练出来的，所以领导
要不断学习让员工提高执行力的方法。

1.端正员工的工作态度，是提高执行力的首要任务

我们经常听到领导批评那些工作没有做好的员工："不是你没有能力做好，而是你本身的态度就有问题！"什么是工作态度？就是我们对工作的认知和看法。如果我们在工作的过程中认为干好工作很重要，全身心地投入工作中，并且取得了良好的成绩，这就是积极的工作态度。如果在工作中，员工总是认为自己工作只是为老板打工，老板挣得多，自己被老板剥削，自然不可能积极地工作，为企业创造更多的价值，这就是消极的工作态度，也是老板极为不喜欢的工作态度。

态度不仅决定员工工作时的执行力强弱，更决定着员工工作

的效率高低。对待工作的态度不一样，我们工作的成果自然也不一样。高效率的工作离不开良好的工作态度。作为领导，我们应该让员工端正自己的工作态度，培养他们积极向上的工作心态。只有拥有这种心态的员工，才能为企业奉献自己的力量。

那么，领导要怎么培养员工积极的工作心态呢？

· 良好的工作心态的培养。心态并非是人们生来就具有的，生来就固定的，它是可以逐渐培养起来的。尤其是不好的心态，只要好好培养，也可以变得积极向上。因此，员工的工作心态也是完全可以由领导培养的。当员工工作心态不好的时候，领导不妨引导员工换位思考一下：如果你是领导你希望自己的员工是这样吗？另外，领导鼓励员工在工作表现上很积极，也可以让他们的心态好起来。最后，领导要让员工坚信在自己这里可以做出成绩，实现自己的价值。只有做到这些，员工才会保持积极的心态。

· 良好的工作思维方式的培养。在工作中，员工难免会遇到这样或那样的困难，如果每次遇到困难就绝望，破罐子破摔，只会让自己的心态越来越差。此刻，最好的办法就是企业领导要让员工学会掌控自己情绪的能力，让员工将坏的情绪控制在一定的范围内，让其冷静下来，这样在短时间内可以让情绪好起来。如果采用这种方式不可以解决，那么不妨换一种思考方式，可以让其他人对他进行开导。有时候自己说千句好话，不如别人一句话有效果。另外，领导还应该培养员工为人处事的能力。如果某个员工处理不好自己和同事之间的关系，自然影响自己工作的心情和工作效率。

· 良好的工作习惯的培养。良好的工作习惯是培养出来的。很多员工工作效率低都是因为，他们曾经在别的工作环境中养成了一种拖延症，导致工作效率低下。作为企业领导，就要仔细观察，发现员工身上的不良习惯，并且主动帮助员工认识到这些习惯的危害。比如，很多员工在工作的过程中总爱发微信、刷微博，那么可以让员工在上班的时候将手机放在一边，并且限定员工在某个时间点内必须完成工作任务。时间长了，员工就会忘记在工作的时候发微信、刷微博了，自然而然养成了良好的工作习惯。

心态决定工作执行力的高低。如果员工在工作的过程中心态一直是消极的，那么，他们情绪就会变得压抑，工作也会不在状态，自然不可能将工作做好。相反，如果员工在工作中心态很好，时刻充满激情，执行力自然会很高，工作的效率也会提高很多。事实是这样，所以领导要让员工认识到心态对工作的重要性，并且能够不断地让他们进行自我暗示，然后以良好的工作心态去面对工作。

巴泽尔刚入职一家公司，这家公司主要从事会展工作。由于是新员工，领导给巴泽尔也没有分派很多的任务，主要让他先熟悉公司业务的整个流程。会展工作看似简单，其实也很复杂，而且整个工作周期也比较长。会展前期不仅要进行宣传、招商、租赁场地、确定嘉宾及到会的人员名单等工作。会展中期也得保障会展的每个流程都能够正常运行，每个人的需求尽量能够满足，更重要的是保障会展过程中的安全问题及活动的有序进行。会展结束后，还得让每个人有所收获，并且建立良好的联系，希望下次会展的时候，这些人还能够参加。

一段时间之后，巴泽尔基本对会展的每个流程都熟悉了，刚好接下来有一场会展，需要工作人员邀请更多的人参加会展。于是，老板将一份客户名单交给巴泽尔，希望他能够打电话邀请客户来参加会展。巴泽尔在打前面几个电话的时候还有耐心，虽然被别人拒绝了，但巴泽尔并没有失去耐心，依然很温和地与对方沟通，试图说服对方来参加会展。可是，随着拒绝人数的增加，巴泽尔越来越没有耐心。当客户说话的口气不好时，巴泽尔立刻挂掉电话。巴泽尔的心态也逐渐发生了变化。尤其当再次被客户拒绝的时候，巴泽尔直接在电话中冲着对方大声咆哮一通，然后匆匆挂掉电话。名单后面的一些客户，巴泽尔就再也没有给他们打电话。当他的老板询问结果的时候，巴泽尔说："所有人的电话我都打了，就是没有一个人愿意来参加我们的会展！"老板便信以为真了。

可是，随着巴泽尔在这个公司工作时间变长，老板开始发现他在工作方面的问题——工作态度消极。无论分派给他什么工作，当别人都在想怎么去完成的时候，巴泽尔却在想失败了怎么办？工作没有完成了怎么办？被对方拒绝了怎么办？老板虽然没有明确将巴泽尔在工作中消极的心态指出来，但是他不断通过暗示告诉巴泽尔工作中积极心态的重要性，希望他能往积极的一面想。可是，巴泽尔总是控制不住往消极的方面想，甚至还影响到了他周围的一些同事。最终，老板只能让巴泽尔走人。

一个人工作的态度决定了他工作的最终效率。如果在工作中，员工的心态很积极，他们会对成功的渴望愈加强烈，激情更加高涨，投入的精力和心血更多，从而在工作中获得很大的成就。这种成就感会不断形成一种自信，这种自信会促使人们取得更大的成就。工作的心态也决定了一个人在工作中发挥能力的大小，当一个人的心态很积极，他会竭尽全力施展自己的工作能力，必将取得更大的成就。这样的员工哪个企业会不喜欢呢？而那些在工作中没有端正态度的员工，不仅工作没有成绩，还会受到同事或者领导的批评，越干越没有信心，最终只能辞职。

因此，一个团队要想提高执行力，首先要从端正员工的心态开始。只有心态端正的员工才能认识到积极地工作对自己和团队的重要性，才能充分发挥自己的主观能动性，积极工作，建立和谐的人际关系，不断提高执行力和工作效率。让团队更加强大，企业更加壮大。

2.领导要主动帮助员工提高执行力

企业要想快速健康地发展，作为企业的领导自然要发挥自己强大的执行力，作为员工更应该提高执行力。但是，领导的执行力是起到了表率作用，团队的执行力才是真正决定企业发展快慢的根本。领导的执行力再强也不可能代替员工，再说每个领导不可能是三头六臂，但是如果将员工的执行力调动起来完全可以达到以一当十的效果。因此，企业发展的关键，就是想办法将所有员工的工作激情调动起来，让员工在工作的过程中自觉提高执行力。

那么，作为领导，怎么才能提升下属的执行力呢？

· 关键岗位用对人。身为领导，我们要让每个员工都提高执行力，不一定能够一次性实现，但是我们首先可以实现的一点就是，想办法提高关键岗位的员工执行力。什么是关键岗位？就是决定公司生死命脉的员工岗位，这些员工往往处于公司的中高层，掌握着巨大的权力。只要他们提高了执行力，必然带动下属工作效率的提高。另外，一部分员工可能并不适合目前的工作岗位，造成能力无法发挥、工作毫无激情的现象。与其这样，不如领导对其进行岗位调整，让合适的人干合适的事情，这样自然能够提高团队的执行力。

· 让员工体会到自己的人情味。很多领导在分派任务的时候，完全依靠死板的制度来监督员工的执行效果，让员工感受到的只有无情。这样不但不能调动员工的激情，反而激发了员工的逆反心理，更想偷懒。在这种情况下，作为企业的领导，要做员工心目中有情有义的领导，这样他们才愿意为企业卖命。比如，在监督上奖罚分明，平时对员工多一些关心，偶尔给员工一点儿小恩小惠，员工心里暖和了，才愿意付出一切。

· 激发员工自觉的工作动力。领导除了完善奖惩制度，做一个充满人情味的老板之外，还需要懂得持续地激发员工的内在潜力。比如，作为领导，不仅要明确企业的目标，更要懂得员工个人的理想，然后巧妙地将员工的理想与企业的目标结合起来，让员工在实现自己理想的同时，也实现了企业的目标。

企业的领导应该明白，帮助员工提高执行力，并非是一朝一夕就可以完成的。每个公司的员工并非是固定的，有的员工来了，有的员工走了。对于那些刚入职的员工，我们就必须让他们从一开始就认识到，公司是一个拥有高效执行力的团队，这样他们才能提高执行力。如果员工已经熟悉了公司的工作流程，再去强化他们的执行力就很困难了。因此，我们不是让强大的执行力成为公司的一阵风，而是让强大的执行力成为企业的文化，渗透到员工的每个细胞中，这样才能提高团队的执行力。

鲍里斯是一家公司的董事长，这家公司虽然创立没有多久，但是发展势头强劲，业绩在同行业里是数一数二的。这给他很大的动力和信心，他希望公司的业绩量能够有更大的提升。于是，他研究制定了一套新的奖惩制度来激发员工的工作激情。可是，这项制度实行了两三个月了，员工的工作激情没有增长，反而大不如前。鲍里斯便找来几个之前比较优秀的员工询问原因，最初他们都不想说，后来在鲍里斯的鼓励之下，他们说出了实情。

原来，鲍里斯这家公司还有另外三个合伙人，他们都在公司位于高层，鲍里斯没有那么多时间处理一些细节问题，于是交给自己的合伙人来处理。比如，为了确保一次性拿下重大客户，规定公司合伙人之一必须陪着员工去谈判。可是，这些合作人一是忙，另外就是不重视员工。每次员工辛辛苦苦约到的客户，合伙人不是这个没有时间就是那个没有时间，员工只能将客户的约见时间往后一拖再拖，有些客户就不耐烦了，觉得鲍里斯的公司太磨叽，不愿意再与之继续往下谈了。当鲍里斯了解到这一点之后，紧急召开董事会议，针对这一情况提出了新的规定，只要是员工约到了客户，员工邀请的那位领导必须陪着去谈判，无论这位领导多么忙，必须以员工约到的客户为重，否则，领导层将受到严惩。而且给员工一定的权力，在这个权力范围内，员工可以自行处理一些事情。有了这个规定之后，员工的工作激情高涨了很多，团队的整体执行力也提高了不少。

鲍里斯是一个闲不住的人，一有空他就想办法去提高团队的执行力。后来，他发现每次员工开会的时候，自己需要讲一小时，其他高层也要讲一小时，这样下来就浪费掉了三四个小时，而且这三四小时的讲话真正有用的内容能够在很短的时间说出来。于是，鲍里斯做出了一个大胆的决定：每个领导讲话的时间不超过25分钟，而且这25分钟的内容必须是干货和员工需要执行的事情。这样不仅节省了领导的时间，更是节省了员工的时间，让员工有更多的时间去谈业务，这样就把员工的工作激情调动起来了，他们的工作效率也提高了不少。

后来，鲍里斯还发现奖惩制度落实的时间有些滞后，当月应该奖励和惩罚的人往往推迟到下个月或者两三个月之后。那些应该受到奖励的员工不再会将奖励当作激发自己的动力，甚至觉得公司太磨叽，本该奖给自己的东西却要延后那么久，没有提高员工的工作动力，甚至让员工感到失望。而那些应该被惩罚的员工，迟迟没有惩罚，自然将惩罚当作耳边风了，继续犯错。鲍里斯了解到这一情况之后，立刻做出决定：当月奖惩当月算账。鲍里斯的高效执行力，赢得了员工的一致好评，后来，他团队的执行力变得越来越高了。

可见，领导要想提高员工的执行力，不能仅仅从员工身上找原因，也应该从自己身上找原因。如果在给员工分派任务的时候，领导只顾着从自身考虑，而没有考虑到员工的喜好，员工就难以提高执行力；如果领导很冷酷，毫无人情味，针对员工的特殊情况不能特殊对待，只是死板地执行制度，只能让员工讨厌领导，这样必定会影响到员工的执行力；如果领导只顾着实现企业的目标，而忽略员工的理想，这样是难以发挥员工工作自觉性的；如果领导什么权力都把控在自己手中，不懂得授权，员工做每一件事情都需要请示领导，这样无疑影响了员工的工作效率。因此，与其说领导应该懂得如何提升下属执行力，还不如说领导应该懂得如何从自身反省，为员工的快速前进打通道路，只要这条道路通了，还怕员工和团队没有高效的执行力吗？

3.优秀的领导都有员工值得学习的地方

一个好的榜样可以影响到每一个人。企业的领导就是员工很好的榜样。领导之所以能够成为领导，肯定有其过人之处，那么员工就应该向老板学习他的过人之处。虽然不能保证每个领导都是完美无缺的，但是他们身上还是有很多优秀的地方值得员工学习的。而且，一个好的榜样，一个好的领导要有培养具备很强执行力的员工的意识和觉悟。

如果企业的老板很优秀，那他就是员工学习的榜样。如果员工学习得到位，他的优点就可以让员工的人生发生天翻地覆的变化，让他们受益一生。员工在向老板学习的过程中，也许老板也正在向其他高人学习。很多老板总希望能够找到与自己志同道合的员工，其实老板找的就是身上具有他所没有的优点的人，从而弥补自身的不足。这样取长补短的合作，能够让自己的团队更加强大，为企业创造更大的价值。

再说每个企业领导都希望自己的企业不断发展，不断创新，仅仅依靠领导是难以完成的，这就需要自己的员工能够不断地学习，并且能够将学习到的有优势的东西用在工作中，这样才能挖掘出公司的发展潜力，取得更大的进步。

员工不仅要学习专业的知识，还得向身边优秀的人学习，更要向自己的领导学习。从领导身上学到的东西，更能够适合员工在该企业发展的需求。

作为企业领导，应该让员工从自己身上学习哪些东西呢？

· 学习领导身上优秀的精神品质。每个领导的成功都是一步步努力过来的，没有人随随便便就能成功。老板之所以能够成功，是因为他身上具有成功者具备的某些优秀品质，比如，吃苦耐劳、积极向上、不怕挫折、勇往直前等。

· 学习领导管理及为人处世的方法。领导要毫不吝啬地将这些能力传授给自己的员工。当每个员工都变得强大了，整个团队也就变得强大了，团队强大了，企业就强大了。

每个人都有自己的偶像，这个偶像可能是英雄、明星、企业家等，之所以他们能够成为人们的偶像，是因为在他们身上闪烁着某种我们欣赏的光辉。很多时候我们盲目地向那些遥不可及的人学习，却忘记了向我们身边的人学习。其实，老板就是员工身边的人，因为员工对领导太熟悉了，便忽略了他们身上的优点，殊不知，自己的领导在别人眼中也是偶像。在公司内部由于员工与领导有很多利益关系，很容易让员工不够重视领导的优点。而那些在公司混得风生水起的人，往往是认真向领导学习的人，他们会关注领导的一举一动，学习他们的优点，提高自我。作为领导，你给你的员工向你学习的机会，不能总觉得员工学习了你的本事，就会离开公司，自立门户。一个真正强大的企业领导要具备开阔的心态，并且敢于培养强大的"敌人"，只有在这样的情况下才能让自己不断强大，不断进步，推动企业走上新台阶。

巴尔克从哈佛大学毕业之后，进入了一家销售公司从底层做起。由于经验不足，所以最初与客户交流的过程中，他总是结结巴巴，最终对方认为巴尔克信心不足，甚至怀疑他公司的产品质量有问题，直接拒绝与他交流，这给了信心十足的巴尔克当头一棒。还好巴尔克具有虚心向他人学习的精神，于是他向自己身边的同事请教。可是，由于公司有规定谁的业绩好谁就会拿到高额的奖金。同事自然不愿意让刚入职的巴尔克将奖金拿去，他们都没有将与客户沟通的方法和技巧告诉巴尔克。

后来，巴尔克得知自己的领导就是一位谈判高手，曾经有过一天签下1000万美元业务订单的纪录，看来向自己的领导学习是最合适的。于是他主动接近领导，观察领导的一举一动。可是，领导每天与员工接触的时候，更多的是谈工作上的事情，很少见到他像谈业务一般和人交流。

于是，巴尔克鼓起勇气向老板吐露了心声，希望老板在谈业务的时候能够带着他。领导看巴尔克十分上进，便答应了他。从此，每次老板出去谈业务的时候，巴尔克都跟在身后，当老板与客户交流的时候，巴尔克就将老板与客户交流的过程用录音笔录下来，下班之后躲在自己的房间反复地听，不断地总结，分析老板每一句话背后深层次的意思，并且分析客户每说一句话的目的。同时，巴尔克在心里反问自己：如果客户这样说我该怎么办？如果老板就是客户，我又该怎么办？

巴尔克的学习方式很有成效，他的业绩逐渐上升，很快成为公司的谈判高手。很多其他同事搞不定的客户都请巴尔克来帮助解决，巴尔克也很乐意帮助自己的同事，因为他觉得与不同的客户谈判都有助于提高自己的谈判能力。很快巴尔克赢得了同事的信任，他也由入职没有多久的小毛孩儿升为部门业务总监。即便如此，巴尔克依然跟着老板去学习。没过多久，巴尔克再次被提拔为部门经理。巴尔克在老板的身边跟随习惯了，偶尔巴尔克不在身边，老板还觉得不习惯。后来，公司的副总裁退休了，老板第一个想到提拔的人就是巴尔克。于是，巴尔克顺利地成为公司的副总裁。当他的老板退休的时候又将公司交给巴尔克来管理。

员工最好的榜样就是自己的领导，因为向领导学习不仅是免费的，而且是毫无保留的，因为你所要学到的东西将来要用在工作中，这对公司的发展会有促进作用。很多领导都希望自己的员工能够向自己学习，这样与员工交流起来就能变得高效，而且学习的员工越多，对公司的发展越有利。可惜的是很多员工不愿意向自己的领导学习，都觉得自己很厉害，甚至觉得只要将手头的工作按部就班地做好，老板按时发工资就是好老板，觉得向老板学习其他的东西就是在浪费时间和精力，这种想法是错误的。这种人也只配当一个小小的员工，而不会有长远的发展。

4.错误中也能够学到有用的东西

我们每个人都渴望成功，于是，我们乐于听各种成功人士分享自己的成功之道。其实，很多时候我们知道别人是如何失败的，从失败中吸取的经验教训对我们更有用。因为我们可以知道如何避免自己失败的方法，最终走向成功。

在这个世界上没有真正的失败，即使有失败也是暂时的。而且失败会给我们提供比成功更多的价值。失败了，我们会反思，会总结，让我们人生中前进的每一步都是坚实的，再大的困难也不会随便将我们打垮，因为我们有坚实的根基。而成功的时候我们是不会反思不会总结的，我们只有继续前进。当困难突然而至的时候，我们往往是措手不及的，很容易栽更大的跟头，因为我们没有经历过风雨。

当然，我们在工作中更是如此，每个人都希望自己的事业能够一帆风顺，可在实现目标的过程中，难免会遇见各种困难。如果能够从错误中学习到对接下来的工作有用的东西，那么，我们就可以知道怎么避免犯同样的错误，就可以提高执行力，进而快速地实现工作目标。

那么，身为企业领导，要怎么让员工从错误中学到有用的东西，进而提高执行力呢？

·教会员工在错误面前积极主动进行反思。很多人之所以总是犯同样的错误，是因为他们不懂得反思。甚至，这些人不仅不懂得进行积极的反思，还会忙着推卸责任，为继续犯错埋下了隐患。这就需要领导教会员工在错误面前积极主动进行反思。

·教会员工把错误当成学习的机会。错误对别人对自己都是一件很囧的事情，没有人愿意去张扬，更没有人希望你去从他的错误中总结得失。那么，我们只有从自己的错误中去学习。领导要想让员工提高执行力，进而提高团队整体的执行力，就需要教会员工把错误当成学习的机会，让他们主动去学习犯错中的经验教训。只有员工从错误中学到更多的东西，他们的犯错概率才会越降越低，才会对成功更有把握。

很多人在人生道路中或多或少都会犯错，既然失败和错误是不可避免的，那么领导就应该教会自己的员工以积极的心态去面对工作中的错误和失败。其实错误和失败也是会帮助一个人走向成功的。员工不应该去逃避自己所犯下的错误或者导致的失败，领导应该教会员工从错误和失败中总结得失，帮助员工迈成这个坎儿。比如，天下雨了，就会使路面低洼处积满水，这是我们不可抗拒的现象，如果我们要想到马路的另外一边，那么就只能跨越路面低洼处的积水。那么我们就会知道这条路上有低洼处，要不将低洼的地方用泥土填平，要不准备一双雨鞋，这样才能到达。甚至，我们会随时带着铁锹和雨鞋，以防再次遇到低洼的地方会阻挡我们的去路。这就是错误给我们的经验教训，而那些走路没有遇到低洼处的人是不会有这种体会的。

当企业的员工不可避免地在工作中犯错的时候，领导最好不要在不分青红皂白的情况下，就对员工进行批评，我们要想办法让员工知道犯错的原因，从错误中汲取最大的养分，让它成为员工前进的动力。这样下次遇到类似的困难或者问题，员工已经有了上次的经验教训，自然不会犯错或者减少犯错行为，这对企业发展的意义是极为重大的。如果企业领导人只知道批评员工，员工已经昏了头脑，老板说的每一句话都没有听进去，或者还产生了反抗的情绪，这自然没有起到批评的作用。只有企业领导与员工心平气和地总结得失，充满信心地继续执行下去，企业才能走出错误的阴影，实现最终的目标。

有一个人他出生在一个非常贫穷的家庭，父母都是农民，收入微薄，但为了让他能够入学，倾其所有。可是这个小孩却对正规的学校教育并不感兴趣，他喜欢的是机械制造。为了不浪费父母亲的血汗钱，他退学了，专心研究机械。虽然父母极力反对，但也无可奈何。

一个学历很低的人，要想制造机械简直是天方夜谭，但是他说干就干了起来。他每天抱着机械制造方面的专业书籍学习，还抱着一本字典，遇到那些不认识的字他还得查字典。即便如此，他依然将所有的时间和精力投入机械制造中。

一次失败了，两次失败了，三次失败了……很多机械他也不知道自己尝试了多少次，失败了多少次，即便依然处在失败中，但他依然不放弃，继续研究。唯一让他有收获的时候，就每次失败之后他进行总结的时候，为了防止再次犯错，他把错误密密麻麻地记录在几十个笔记本上。

有人问他："你觉得你一次次的失败有意义吗？"他很

真诚地说："失败之后，我会很伤心，甚至绝望，但是我知道无论怎么绝望，我都不能放弃自己的理想。于是，没有几天我又精神起来。我再次像扒开伤口一般，找到我犯错的地方，仔细研究，看我到底犯错在什么地方了？为什么会犯错？每次犯错，我都要详细地分析和总结，避免再次犯错。只要是我总结过的地方，绝对不会出现第二次错误。通过总结，我知道下一步该怎么去操作，避免了再次失误，提高了执行力。"

在一次次失败中这个人到了中年，他研究制造的机械赢得了大家的认可，受到了市场的欢迎。当记者采访他如何取得成功的时候，他说："是失败和挫折成就了我，我的每一件成功制造出来的机械都是依靠我的错误堆积起来的。"

这个人就是本田汽车创始人本田宗一郎。

可见，失败并不可怕，可怕的是我们没有从失败中获得经验。很多人在失败的时候会选择逃避，即使再次站起来的时候，也不愿意再次提及曾经的失败。可是，正是如此的想法，他永远不知道自己失败的真正原因。只知道自己在某个路段跌倒了，至于是路的原因、鞋子的原因，还是脚的原因，一概不知。之后必然还要不断地失败，直到他静下心来，研究自己犯错的地方，也许才会发现是鞋子出现问题了，换一双鞋子，一切问题都解决了。

因此，我们不要惧怕错误和失败，它只是提醒我们，我们的人生有不完美的东西，只要及时纠正，我们会变得更加完美。

第十一章

拥有精英团队并不难

　　很多领导都羡慕那些拥有精英团队的企业，总是抱怨自己的员工为什么没有超高的执行力来促进团队整体执行力的提高。其实，那些优秀团队的高效执行力也不是天生的，只要运用的方法得当，拥有精英团队并不难。

1.与人合作，才能放大自己的价值

每一个刚刚跨入职场的人，都满怀信心，觉得自己可以干好一切工作，不需要与他人合作。可是，在职场这个小社会中，很多人被磕得头破血流才认识到团队的重要性。职场是复杂的，即使你个人能力再强，也会有很多嫉妒你的人，为你设置绊脚绳让你跌倒，好让自己踩在你身上，超越你。能力强大的人也要懂得和大家一起合作，一起分享成功的果实，这样大家才能其乐融融。如果你在职场中单枪匹马，不懂得融入团队，是很难取得成功的。

一个优秀的企业更离不开团队的协作，只有团队协作，大家才能往一处想，力量往一处使，才能形成强大的凝聚力，这种力量是个人力量的上千倍。可见，企业要想提高执行力和工作效率，离不开团队每一个人的协作和进步。而作为企业的领导者，不仅需要管理团队，更需要懂得协调每个成员的力量，使之形成合力，成为团队强大的凝聚力，提升企业的业绩。那么，企业领导怎么做，才能让团队的力量变得更加强大呢？

· 加强员工团队意识训练。很多员工之所以不愿意与别人合作，是因为他们没有深刻地认识到团队合作给他们带来的好处，自己干出来的成绩，要被大家占有，心里总觉得不划算。只有经过领导的引导，让他们认识到合作能给他们带来意想不到的收获，他们自然会加入团队，和大家一起协作，完成重要的工作任务。另外，领导要让自己的员工明白，在合作的过程中，自己是一个团队中的一员，不再是单个人，强烈的团队使命感不仅能够增强团队成员的荣誉感，也能让团队更有凝聚力。

· 训练员工拥有包容的心态。团队是由多个人组成的，因为各方面的原因，每个人的性格、做事风格、为人处世方法等都是不同的，必然会导致团队成员之间出现矛盾，影响团队的凝聚力。在这个时候，领导应该培养员工的包容意识，让员工知道，合作就是懂得将每个人的缺点忽略，将优点聚合在一起。如果队员没有包容他人的胸怀，是难以建立真正强大的团队。

· 让每个员工自觉且竭尽全力地发挥自己的能力。很多员工进入团队之后松了一口气，觉得从此可以不用再发挥自己的能力，只要混在团队之中，就可以分享到团队其他人的成果了。其实，拥有这种想法的人大错特错了。进入一个团队之后，人们更应该发挥自己的能力，因为有很多双眼睛盯着你，你想偷懒，门儿都没有。如果你想投机取巧，立刻就会被踢出团队，因为没有哪一个团队愿意养闲人。

企业领导通过训练让员工的思想意识有所变化，让每一个团队成员必须有深刻的合作意识，知道一个团队的成功才是最大的成功。我们团结在一起是因为团队的力量可以超越我们个人的力量，能够办成很多个人没有办法完成的事情。既然团队有如此大的能量，我们团队的每个人都应该更加团结，懂得抱团，这样才能让团队的能量发挥到最大。

泰纳是墨西哥足球队的队长和中后卫，他的教练米卢对他很器重。可是，在一次赛事失败之后，泰纳接受了记者的采访，在采访中他指名道姓地批评球队成员在赛事中的过错，重点强调由于这些球员的个人过失导致了整个球队的失败。米卢看到这个报道很生气，便找到泰纳，告诉他球队的每个成员都尽力了，不能因为集体的过错让个人背上整个赛事失败的骂名，再说泰纳作为队长不应该在媒体面前讲这些不利于球队团结的话，希望他能够给那些被他指名道姓的队员当面道歉，但是泰纳拒绝了。这件事在团队中引起了强烈的反响。米卢觉得这种不懂得尊重他人、没有团队精神的人，是不能成为队长的，更不能继续为球队服务。米卢赶紧从后备队员中挑选了一位优秀的中后卫拉特，对其加强训练。果然拉特不负众望，在赛事中取得了突出的成绩，而泰纳因为自己的错误连参赛的资格都没有了，从此，终结了自己的足球生涯。

领导通过对员工团队意识的培训，让每个员工能够自觉且心甘情愿为团队贡献最大的力量，我觉得这样的团队是无比强大的。当我们身处团队中，我们才能凸显自己的能力和价值。如果没有团队这个平台，个人的能力即使再强大，也很难找到展示自己的平台。

因此，我们在团队中，就要有团队意识，努力搞好与团队成员之间的关系，团结每个人，并且努力发挥自己的才能，让团队变得更加强大，这样我们每个人的价值才能最大化。

2.打造强大的执行力团队

团队并非是很多人聚合在一起就是团队，真正的团队必须有共同的目标和理想，成员之间有强大的凝聚力，高效的执行力，并且有为了团队的目标牺牲的精神。如果团队仅仅是有很多人，没有共同的目标，就不可能有高效的执行力，那么也就不可能实现团队的目标，更不可能有人愿意牺牲自己的利益去实现团队的利益。

团队建立最初的目的就是为了实现大家共同的目标，但是仅仅有目标还不够，否则只能是空想，只有团队具有高效的执行力，才有可能实现大家共同的目标。如果理想一直不能实现，就会导致团队的人心涣散，让团队失去凝聚力。因此，我们组建了团队之后，就要想尽一切办法，将可能影响团队执行力提高的一切因素剔除掉，这样才能尽快实现大家共同的目标。

那么，企业领导要想打造强大的执行力团队，需要哪些步骤呢？

· 让员工树立强烈的团队意识很关键。如果一个人认识不到团队的重要性，那么就不懂得协作。因此，树立强烈的团队意识是保障一个团队有强大的凝聚力和高效执行力的前提。所以领导让员工树立强烈的团队意识很关键。

· 让员工融入团队。如果员工进入了团队，领导就要让员工将团队当自己的家一般对待，就像爱护自己的家庭一般爱护自己的团队。这样他们才能够很快融入团队。如果他们进入团队，觉得一切都是陌生的，还不积极了解团队，是很难融入团队的。如果融入不进团队，他们就不会超常发挥自己的能力，团队其他的人也未必愿意和他们分享自己的成果。

· 让员工懂得为其他成员贡献自己的力量。团队这两个字本身是没有能量的，之所以最终有能量就是团队每个成员将自己的能量贡献出来，才使得团队有了灵魂和朝气。因此，要想让一个团队足够强大，执行力足够高效，这就需要团队中的每一个人贡献自己的力量，积少成多，团队的力量就可以胜过天。

· 培养员工对团队的责任意识。团队的盛衰荣辱与每个人都有关系。如果一些人总觉得只要自己的利益不受损，反正团队是大家的，损失了也没有关系，那么他不可能成为合格的成员。覆巢之下安有完卵。只有团队的健康快速发展，我们的利益才能最大化。如果团队的利益受损同样是每个人的利益受损。因此，领导要培养员工对团队的责任意识，如果他们没有工作好，就是拖了整个团队的后腿，有这种责任意识，他们才能高效地工作。

我们很多人走进团队，认识到了团队的重要性，更是看到个人的不足。进入团队可以取长补短，让自己更完美。但是，我们要明白，即使团队每个成员都很完美，但并不代表着这个团队没有缺陷。再强大的团队和强大的个人一样，都是有缺陷的。我们团结在一起，不仅要完善自己，更要完善团队。

我们加入团队，如果只是为了沾团队的光，而不愿意发挥自己的能量，那么距离团队的土崩瓦解就不远了。一旦团队瓦解，我们就再也享受不到团队给予我们的东西了。因此，我们不仅要吸收团队的能量，更要通过自己的努力为团队补充能量，这样才能够让我们的团队长存下去。

某公司为了提升团队的凝聚力和执行力，决定举行一次拓展训练，他们将训练的场地选在了一片沙漠地带。为了起到真正拓展的效果，公司领导将员工分成了两队从不同的方向进入沙漠，但会合地点是相同的。每个小队都有自己的队名，分别是战狼队和猎狐队。每个小队也有自己的队长保证大家的安全。

虽然沙漠面积不大，但是针对平时坐在办公室缺少锻炼的人来说，面积还是很大的。刚开始进入沙漠边缘的时候，大家信心很足，活蹦乱跳。可是走了一段距离之后，那些活蹦乱跳的人再也不乱跳了，成员之间逐渐拉开了距离，小队的队长不得不扯开嗓门吆喝，鼓舞大家加油往终点走。其实，为了保证大家的安全，沙漠中每隔一段距离就有一面小旗子来指引方向，大家只要沿着小旗子走就都可以抵达终点。

战狼队的队长曾经是军人出身，他虽然在吆喝，但内心却在思考着，如何既能够保存实力，又能够提高速度。最终他有了主意，他将男同事叫到身边分别做了安排。几个身强力壮、经常打篮球的男同事负责扛行李，当然也包括女同事的行李。女同事只负责走路。还专门跳了两个身材矮小的男生负责探路，他们走一段距离，就爬上山丘看看下一面小旗子在哪里，免得大家走错方向，耽误时间。还留了几个男生时刻保护女同事，万一她们走不动了或者崴脚了，这几个男生负责抬女同事走出沙漠。战狼队队长做出这样的安排之后，大家似乎没有任何异议，前进的速度也快了不少。

猎狐队的队长并没有做任何的安排，只是不停地喊大家加油，加油……

战狼队扛包的人累了，就与其他的同事轮流替换扛包；探路的人累了，就和其他的人替换。如战狼队队长所料，女同事中有人崴脚了，队长给她进行了紧急包扎，最后由几个男同事轮流背着她前进。在沙漠中大家最难忍的不是饥饿，而是口渴。队长查看了一下剩下的水，所剩无几。此刻，他想出了一个办法，他将剩下的水灌在一个空的塑料饮料瓶中，交给一个男同事，让他走在队伍的最前面。每当队伍速度慢下来的时候，男同事便拿出水瓶摇晃着："水在我这里，谁想喝，就赶紧过来拿！"当大家快要追上的时候，拿水的同事站起来继续往前跑。

最终，战狼队先到达终点。猎狐队发出了救助信号，不仅缺水，而且大家貌似走错了方向，失去了继续走的勇气，再不救援，很可能出现大问题。战狼队的队长向领导请示去救援，也有几个男同事响应。最终，他们将猎狐队的全体成员救出了沙漠。

在后来拓展训练的总结大会上，战狼队的队长作为获胜方来发言，他说："我们之所以能够获胜，并非我们每个人的实力都很强，而是我们团队强大的凝聚力和执行力。当每个人领到任务之后，各司其职，并且每个人都能够充分发挥自己的执行力，将分配的工作做得很到位，没有让我们走弯路，让我们保存了很大的实力，使得我们最终走出了沙漠！"

可见，要想打造一支强大的团队，不仅要有明确的目标和强大的凝聚力，还需要领导在执行的过程中，能够对任务进行分配，能够做到责任到人，这样他们才不会在困难面前退缩，勇于担当。这样才能增强团队每个人的责任意识，才能提高每个人的执行力。

3.员工自觉提高执行力的习惯如何养成

良好的习惯可以形成一种直觉，提高执行力就可以通过这种方式实现。如果一个团队的执行力提高都需要依靠领导的监督，那么这样的团队是不可能有发展的，不仅对企业没有一点好处，还有可能将企业拖入泥潭。强大的团队必定是团队每个人都有自觉提高执行力的习惯，一旦形成这种习惯，不需要任何的督促，员工就可以保质保量地完成任务。

企业领导培养超强执行力的员工，打造拥有超级执行力的团队，最终的目的就是为了让员工将提高执行力作为一种习惯，从而全面提升企业的竞争力。

那么，企业领导该怎么去培养员工提高执行力的习惯呢？

· 树立榜样。大家都知道榜样的力量是巨大的，良好形象的榜样能够促进团队执行力的提高，而那些负面的榜样对提高执行力没有一点积极的影响。因此，领导必须在企业内部，在团队中打造几个榜样性的人物，这样有利于激发其他员工的斗志，自然就会提高执行力。

· 企业文化才是推动执行力的根本。企业需要建立强大的企业文化，让提高执行力根植于企业文化之中，再让企业文化渗透到员工的心里，这样他们执行工作就会很自觉，效率很高。

· 制度约束有助于执行力的提高。企业应该建立一套制度，规范执行者的行为举止，让他们在一定的规则里面执行任务，这样有助于执行力的提高，日积月累，也会形成习惯。

让提高执行力形成一种习惯，不仅员工自己工作起来执行力很高，工作效率也很高，领导管理起来也很方便。但是，养成提高执行力的习惯还不够，我们还必须克服一些坏的情绪。如果我们在工作中遇到困难或者受到领导批评，不反思自身的错误，而是闹情绪，这样自然会阻碍执行力的提高。

埃里克在一家公司为别人打工，从最基层的员工一直干到副总经理的位置。后来，他独立出来创业。而他创业的项目并非高精尖项目，因此，他招聘的工人大都是下岗工人，这些人虽然很朴素，很踏实，可是由于这些工人在粗放型公司工作过，养成了散漫、执行力差的坏毛病，使得工作效率很难提高。虽然埃里克一次次开会强调提高团队执行力的重要性，可是员工往往是左耳朵进右耳朵出，将埃里克累得够呛，但是效果甚微。

后来，埃里克分析：如果快速提高这些工人的执行力是不可能的，那我唯一能够做的就是从点滴做起，反复地做，让他们将提高执行力形成一种习惯，当这种习惯成为一种直觉就好管理了，执行力自然提高了。

埃里克的这种方法还是得到了良好的效果，一年之后，他公司的员工执行力变得极高，只要是他分派的任务，员工都能按时且保质保量地完成。

虽然制度能够起到约束的作用，能够提高执行力，但是，如果制度太死板，只能激发员工的逆反心理，并不利于执行力的提高。话又说回来，如果让员工把提高执行力变成一种习惯，这样即使没有了制度的约束，员工依然能够自觉高效地执行工作。

行动对于一个企业、一个团队来说是非
常重要的。没有行动，那这个团队就没有成
功可言，空想谁都会，真正困难的是付出行
动，并且让自己的努力有良好的结果。任何
一个团队的成功都离不开高效执行力。

1.执行力就是团队里每一个人的生命力

一个成功人士必须有清晰的目标和理想，但仅仅有这些还是不够的，还需要有强大的执行力。否则，再伟大的理想和清晰的目标也永远只是存在于脑海中的一种幻想。

执行力的强弱可以说是一个人成功与否的分水岭。很多老一辈企业家，他们虽然文化程度不是很高，但是他们依然取得了不凡的成就，主要因为他们拼的是实干，是自己极强的执行力。当他们有想法的时候，会立刻去行动，因此获得了成功。现在社会在发展，大家的学历都在不断地提高，很多成功的企业家都有很高的学历，但是即使有很高的学历，也并不意味着就可以放弃高效的执行力。再高的知识也只是理论基础，而只有通过实践，通过超高的执行力才可以验证理论基础的正确性。因此，人们在任何时候都不能放弃执行力，也不能放弃提高自己的执行力。

那么，我们要想成为成功的企业领导者，该怎么提高个人执行力呢？

· 要有清晰的目标和方向。很多人做事情的时候效率低下，是因为他们做事没有目标，容易在外界纷繁复杂的诱惑中迷失自己，这样的人是不可能抵达成功彼岸的。我们在做事之前必须搞清楚，自己为什么做这件事情？要达到的目的是什么？我怎么做才可以实现？只有明白了这些，才能找到方向，这样在前进的过程中就不会迷失自己。

· 多做一些，少想一些。我们做事情不只是停留在想这个层面，更关键的是要去执行。如果想的时间过久，想得太多，不仅会影响执行效果，更重要的是会让简单的事情变得复杂。比如，如果我们还没有开始做这件事情的时候，就想着将来可能要面临的巨大失败，这样不仅扩大了失败所带来的困境，而且影响执行力的提高，因为很多人就被困难吓住了，没有行动力了。所以，需要思考的东西还是要思考，但是不能思考的时间过于漫长。

· 设定最后的期限。我们如果太过纵容自己，就难以提高执行力。我们在做每一件事情之前都应该有一个计划，在某个时间段内应该完成哪些任务，而且必须对时间有一定的限制。如果在这个时间内完成了，可以进行自我奖励，如果在特定的时间段内没有完成，那么，必须接受相应的惩罚，通过这种方式可以不断提高自己的执行力。

无数的事实证明，那些在激烈竞争中能够脱颖而出的个人或者企业家，他们具有一个共同的品质——高效执行力。一个人能否成功是由自己的自控力和执行力强弱决定的。一个优秀的企业能否成功，关键取决于是否有强大的团队执行力，而企业强大的团队执行力来源于企业内每一个员工的高效执行力。因此，作为企业领导者，需要创造一切有利的条件，使每一个员工的执行力都得到提高，这样企业才会变得强大。

　　安东尼和爱葛妮丝在一家公司相识，他们都是以实习生的身份同时应聘到同一家世界500强公司，这对他们来说是一件很幸运的事情，毕竟这是从1000多人中选取了他们两个。尤其对爱葛妮丝来说是很幸运的，她从一所很不起眼的专科学校毕业，她知道自己没有办法和别人相比。于是，她每天都很努力，执行力也很强。而安东尼却没有这种紧张感，他觉得自己能够进入这家公司是理所当然的，因为他是名牌大学毕业，所以在实习期间总是有很强的优越感，尤其当他知道自己是这个公司中学历最高的人的时候，更是不可一世。

老板将两份老客户的名单分别交给安东尼和爱葛妮丝，希望他们两个对客户进行电话预约，在下个月举行的老客户联谊会中，领导希望看到自己的老客户。安东尼看到老客户名单翻了几下，便想：反正有电话号码，不用着急联系，等到联谊会之前再打电话也不迟，现在联系了，过几天他们也许就忘记了。这么一想，安东尼将客户名单扔在了一边。爱葛妮丝拿到老客户名单后，认真地分析了一下，这些客户大多是大老板，他们的时间都是有限的，必须提前联系，让他们做好时间安排，免得到时候出现时间冲突的现象。于是，爱葛妮丝赶紧拿起电话进行预约……

这个时候老板又给他们两个一个新的任务，让他们帮助自己写一份在联谊会上的发言稿。安东尼心想发言稿如此简单能够难得住我这个名牌大学生吗？他便上网搜索，正巧还找到了老板在之前的一份发言稿，他赶紧复制粘贴下来，准备修改一下传给老板。爱葛妮丝听到发言稿便想：老板除了庆祝老客户联谊之外是否还有别的目的？只有搞清楚目的才可以写出有针对性的发言稿。想到这里爱葛妮丝便去询问老板。结果老板告诉她，这次参加活动的不仅有老客户，还有他们的家属，也有公司的核心技术人员即公司的优秀人员。爱葛妮丝大概明白怎么写了。

安东尼很快将自己修改后的发言稿传给了老板，爱葛妮丝并没有那么快，她一边打电话，一边利用休息的时间构思发言稿，不过两三天之后，她也交了自己的发言稿。

月底，老板向安东尼和爱葛妮丝确认能够参加老客户联谊会的人员名单。安东尼突然想起来自己还没有给客户打电话，于是，匆忙拿起电话询问客户，结果很多客户由于时间上安排不开，最终拒绝了，这让安东尼很失望。

在老客户联谊活动中，90%的人都是爱葛妮丝约过来的老客户，而老板读的发言稿也正是爱葛妮丝所写的……

后来，爱葛妮丝实习结束，成为这家公司的正式员工。而桀骜不驯的安东尼却没有收到正式入职的通知书。

执行力是一个人工作能力的体现，也是是否有正确工作态度的表现。企业以创造利益为出发点，企业的员工就应该想办法为企业创造更大的利润，要做到这点就离不开高效的执行力。安东尼的离开与爱葛妮丝转正，充分说明了一个问题，那就是执行力在某种程度上还是竞争力。谁能够在工作中具有高效的执行力，谁就具有很强的工作能力。否则，只能证明没有这种能力。

一个人也好，一个企业也好，要想有长远的发展，就不能整天只知道幻想，应该行动起来，让幻想变成现实。这不仅需要在执行的过程中脚踏实地，更要将执行力的精髓领悟透彻，这样执行起来才能处理好问题，做好工作。

2.没有行动，提高执行力就是空想

如果没有执行力，只是心中有幻想，那么无论你幻想多少次，依然是幻想，不可能有任何的结果。只有行动才会有结果。如果方法得当，再加上自己的努力，就会有一个美好的结果。如果没有努力，方法不对，那么迎接我们的只有失败。

俗话说：说一千道一万，不如做一点。一切美好的愿望实现都是需要执行力来支撑的，要不然再美好的愿望都只能是泡影。行动是一个人成功的保证，也只有行动了才会取得结果。任何伟大的目标、理想、计划都需要依靠彻底的执行力实现。如果没有执行力，那所谓的理想、目标、计划都是简单的文字罢了。

托德是一家公司的部门主任，一天他被老板紧急叫进了办公室。原来，副总经理突然离职创业去了，留下一堆烂摊子无人处理，领导希望他能够代替副总经理将这些事情处理好，当然也需要管理好自己的部门。托德脑袋大了一圈，自己部门已经够难管理的了，现在又要负责副总经理留下来的烂摊子，他不是三头六臂。可是，一想这也是公司的事情，如果自己不处理还有谁能够处理呢？托德最终接管了这个烂摊子。

现在两个重点任务架在他肩上，他必须合理规划，提高执行力，否则每天干不了多少事情。于是，他对每天的日程做了具体的规划。上午做哪些事情，在哪个时间段内必须完成。下午做哪几件事情，必须完成。甚至给自己的助理做了安排，凡是与公司业务无关的电话，包括自己家人的电话都不能接。即使部门有重要的会议，也必须保证在半小时内结束。

托德强烈的责任感，加上又对每件事情都有合理的安排，使得他的执行力更强，效率更高。副总经理需要在三个月完成的事情，他在一个月内就完成了。托德让老板刮目相看。

老板看到托德如此高效，而且将两份工作做得很棒，老板很高兴，便让托德成为正式的副总经理，除了负责日常的本职工作，还要负责自己部门的工作。职位的上升让托德的薪酬待遇也随之上升。

任何人都可以成功，除了那些没有执行力的人。提高执行力不仅使人可以高效地工作，还能勇于承担责任。当拥有这份责任时，无论多么大的压力，都能够扛得住，都能够奋勇向前。当然，责任越大，需要付出的越多。那些不愿意付出的人不可能担当重任，也不可能成为成功的人士。

如果团队里每个人都没有做出行动，那怎么能让团队的执行力提高呢？所以，企业领导要想提高团队整体的执行力，就必须让团队里的每个人，包括领导自己付诸行动。

3.成功团队的秘密武器——高效执行力

我们在日常生活中经常说一句话：心动不如行动。可是事实
呢？有多少人心动了又行动了呢？甚至有的人每次都心动，但是就
是没有行动，最终将心动养成了一种习惯。我看到很多人每次听到
某些成功人士奋斗成功的案例之后，激动得鼻涕一把泪一把，暗自
发誓：一定向这位成功人士学习，将来也要像他一样成功。可是，
第二天，他们照旧赖床、打游戏、不学习……这样的人能够成功
才怪。

行动是一切成败的关键。如果我们行动了，即使失败了，那
么我们照样可以从失败中寻找到成功的经验教训，防止自己再次失
败。如果我们没有行动，那么不会有任何的收获。

那么，要想成功完成任务，我们在执行的过程中，应该注意哪些问题呢？

· 一定要彻底。既然我们去执行任务就要执行彻底，不能马马虎虎，这样比没有执行更可怕。如果没有执行，我们还可以从头开始执行，但是如果已经很草率地执行了，只能误导后来执行者的思路，影响对方执行力的提高。

· 不能急功近利。很多人在执行某一件工作的时候，首先考虑的并非是自己能不能完成这份工作、怎么高效地完成这份工作，而是我做这份工作回报我多少。如果付出之后的回报大，便愿意干这份工作；如果回报小，便不愿意去做这份工作。甚至有人想自己付出之后立刻就有回报。这种急功近利的做法也是不可取的。

执行力决定着一个人、企业是否能够成功。在整个工作的过程中只有落实责任，顺利执行，才能够获得良好的结果。因此，不管你是一个企业的管理层，还是一个极为普通的员工，都要去提高自己的执行力，只有这样才能让自己成功，让企业发展得更好。

有一段时间，我们公司的业务部门业绩有些下降，负责业务部门的经理汤尼找我想办法解决。虽然是公司的内部很重要的事情，我应该立刻解决，可是当时我正好赶上一个重要的活动，必须出差，最后我告诉汤尼："无论你采取什么办法，只要能够提高我们的业绩便可！"

当我刚飞到异地下飞机的时候，收到了汤尼的短信：我想请泰勒老师来给我们提提神！我回了一个字：好！泰勒是培训界的大师，就像神一样的存在。只要他培训过的公司，员工不仅精神抖擞，而且业绩翻倍。虽然之前我与泰勒多次见面，他也很愿意来我公司为员工们培训，可是由于种种原因都没有如愿。其实，我很想亲眼看看神一般的培训大师如何给我的员工上好课。于是，我又给汤尼发了一条短信：时间安排在后天下午两点！

我在外地忙完事就赶紧往回赶，因为我想参加泰勒的培训会。后来，由于飞机晚点，当我回到公司的时候，已经是下午两点十五分，这就是说培训会已经开始了十五分钟。我没有打扰泰勒的培训，从后门进来坐在一个很角落的位置。

泰勒热情高涨，精神饱满，声音洪亮，铿锵有力、时而风趣、时而幽默地进行着培训，让同事们笑个不停。

突然，不知道泰勒是有意还是无意，他在掏裤兜的过程中不小心掏出来一把硬币哗啦啦掉了一地，甚至有几枚硬币从前排跑到了后排。泰勒愣了一下，接着讲自己的课程，过了一会儿他便问："谁捡到硬币啦？"只有三五个人举起了手中的硬币，还有几个人经过泰勒这么一提示都低头在脚下找硬币，绝大多数的人，坐着没有动。泰勒便说："怎么没有一点主动性呢？"于是，有很大一部分人低头找硬币。泰勒又说："找到硬币都归你们！"此刻，大家呼啦啦一片，几乎全部都低头找硬币。

大概三分钟之后，泰勒又问："你们有谁找到超过5枚硬币的吗？"没有一个员工举手。泰勒又问："有找到4枚硬币的吗？"有1人举手。泰勒又问："有找到3枚硬币的吗？"有2个人举手。泰勒继续问："有找到2枚的吗？"有4个人举手。"有找到1枚硬币的吗？"有6位同学举手。泰勒说："还差1枚硬币没有找到！"此刻，虽然有人低头看脚下，但还是很快将目光收回了，可能是对1枚硬币的不屑吧！此刻，只有一个员工匍匐式从第一排爬到最后一排，又从最后一排爬到前排，举着最后一枚硬币说："我捡到啦！"这位员工正是那位已经捡到4枚硬币的员工，现在他拥有5枚硬币了。

泰勒总结道："其实，我就想告诉大家，如果大家都坐着不动，那么谁也不会有收获。如果等着别人行动了，才想起来行动，那你的行动就太迟了！如果在行动的过程中考虑的因素太多，那么你收获永远是最少的！"

我终于明白泰勒这个"无意"举动中的真正含义了。

执行力的高低与人的欲望的大小有很大的关系。我们想获得更多，并且能够抢先一步执行，我们就会获得比别人更多的东西。执行力并非是简单地去做就可以，它与我们的战略、目标、文化等有密切的关系。如果战略不够成熟，我们的执行不会很深刻；如果我们没有目标，我们就不会有结果；如果我们的文化底蕴不够深厚，我们的执行就会很肤浅。

无论是领导，还是普通员工，都应该有提高自己执行力的意识，这不仅是为了团队，也是为了我们自己。领导通过提高执行力，可树立自己的威信和人格魅力，让自己在管理的过程中更加轻松，执行更到位。员工通过提高执行力，不仅可以升职加薪，更是提升自我价值的通道。只有领导和员工具有强大的执行力，团队的整体执行力才会提高。

4.作为领导，如何让自己具有领导力

强将手中无弱兵，也就是说当一个领导能力很强的时候，他带领出来的士兵也不会太差。同样的道理，如果一个领导的执行力很强，那么他手下员工的执行力也不会弱。

与此同时，我们也看到这样的领导，动不动对着员工大呼小叫，觉得员工执行力差。其实这还不是他这位领导的原因造成的？他自己本身素质差，文化层次低，执行力差，造就了他今天的团队，怨不得任何人。

那么，作为领导，要怎么起到带头作用呢？

· 充分发挥榜样的作用。领导就是一个团队、一个企业的火车头，如果领导素质很高，执行力很高，那么员工就会上行下效，进而提高整个团队或者企业的素质和执行力。反之，如果领导都带头违反公司的规章制度，那么公司的规章制度就形同虚设，领导也就没有资格逼着员工非得去遵守规章制度，否则，只能引起下属的不满。

· 必须要做到：说到做到。相信很多员工讨厌出尔反尔的领导，尤其承诺给某个员工奖励或者升职加薪的事情，也许在领导口中只是说说而已，但是在员工心中认为是真的，并且殷切期盼着。结果领导没有做到，那么之后领导在分配任务的时候，员工心中很容易产生抵触心理。作为领导，要么不说，既然说了就一定要说到做到。

· 带领着大家一起执行任务。战争片中有这样的情景：当将军在前面冲的时候，后面的战士疯了一般向前冲，他们觉得自己的将军连命都不要了，我小小的士兵还在乎什么。但是，如果士兵在前面冲锋陷阵，而将军在后面督战，经常出现士兵无法冲锋、后退回来的现象，将军只能拿枪指着退回来的士兵喊："不往前冲，我就毙了你！"这就是将军没有起到带头作用。领导带头，员工们心里才会踏实，才会跟着你一同进退。

老虎带领的绵羊能够打败绵羊带领的老虎，这足见领导在一个团队中的重要性。因此，领导要想让自己的团队强大，就必须先强大自己，只有将自己先武装强大了，你才有资格和实力将自己的员工武装得更加强大，否则你不会使人信服。

　　联想集团的管理制度是相当严格的，只要员工违反制度，就得受到应有的惩罚，无论是高层领导还是底层员工。董事长柳传志因为曾经开会迟到罚站五分钟。后来，又因为抽烟罚款又写检查。其实，只有两个人知道，他完全没有必要这样，但他依然这样做了。

　　原来，一天中午柳传志烟瘾犯了，困得实在不行了，严重影响到了他的正常工作。柳传志打算到厕所抽烟，可是一想在办公室附近的厕所抽烟容易被自己的员工看到。明明自己公司有规定不允许抽烟，否则，不仅要罚款，还得在全体员工面前写检查。于是，柳传志坐电梯上了两个楼层，去公共卫生间抽烟。可谁承想，当柳传志刚点燃烟，他下级部门的一个主任就进来了，提着裤子很着急的样子。看到柳传志之后，先是看了一下柳传志的脸，又看了一下他手中的烟，最后将目光转向柳传志的脸，有些尴尬地说："当我没有看见，当我没有看见，我去别的卫生间！"然后提着裤子跑开了。柳传志有些不知所措，愣了几分钟，然后将烟头摁灭。

当天下午，柳传志召开了紧急会议。大家有些茫然，不知道具体开什么会，但是既然领导通知了，大家就必须到达会议室。当大家到会议室的时候，柳传志已经到会议室了，并且在来回踱着步子。当大家都到齐了，柳传志才走上台，先是向大家鞠躬，然后向大家说明开会的目的。当大家听到主题是"柳传志抽烟错误认识批判会"的时候都愣住了，但是柳传志十分严肃，并且向大家念检讨书，然后主动掏出500元罚金放在桌上。

其实，柳传志抽烟这件事情只有部门主任知道，如果他不说，他也不敢说，这件事情就这样神不知鬼不觉地过去了。可是柳传志知道在别人眼里可以过去，但是在自己的心里无法过去。于是，他主动站出来承认错误，甘愿接受大家的监督。从此之后大家再也没有看到他在公司抽烟。这才是一个真正伟大的领导所起到的榜样作用。换作一般人会怎么做呢？

领导以身作则，往往让他在员工中间起到巨大的示范作用，更能够使员工具有强烈的责任心，能够让员工更加团结，提高团队执行力。

现在社会竞争压力大，只有那些具有优良品质和责任心的人，才能带领出更加强大的团队，在竞争中提高团队执行力和企业的工作效率，取得辉煌的业绩。